CORRENDO ALÉM DA ZONA DA MORTE

CORRENDO ALÉM DA ZONA DA MORTE

Fabrício Cavalcante Frauzino

Palmas (TO), Brasil
2022

Direção editorial	**Direção Editorial**
Copyright © 2022 by Editora Pandorga	Silvia Vasconcelos

Produção Editorial
Equipe Editora Pandorga

Revisão
Rosane Guedes

Capa e diagramação
Elis Nunes

Textos de acordo com as normas do Novo Acordo Ortográfico de Língua Portuguesa (Decreto Legislativo n. 54, de 1995)

Dados Internacionais de Catalogação na Publicação (CIP) de acordo com ISBD

F845c	Frauzino, Fabrício Cavalcante	
	Correndo além da zona da morte / Fabrício Cavalcante Frauzino. - Cotia : Pandorga, 2022.	
	176 p. ; 14cm x 21cm.	
	Inclui índice.	
	ISBN: 978-65-5579-099-3	
	1. Biografia. I. Título.	
2021-2259		CDD 920 CDU 929

Elaborado por Vagner Rodolfo da Silva - CRB-8/9410

Índice para catálogo sistemático:
1. Biografia 920
2. Biografia 929

2022
IMPRESSO NO BRASIL
PRINT IN BRAZIL
DIREITOS CEDIDOS PARA ESTA EDIÇÃO À
EDITORA PANDORGA
RODOVIA RAPOSO TAVARES, KM 22
GRANJA VIANA – COTIA – SP
Tel. (11) 4612-6404
www.editorapandorga.com.br

Al amic en Carles Amagat i Comas

PREFÁCIO

Final de janeiro de 2015, estava no quarto mês de adaptação na cidade de Palmas, Tocantins. Tinha sido transferido para trabalhar na capital mais nova do país, denominada o coração do Brasil. Além do trabalho, a prática da corrida pelas ruas largas e por algumas trilhas do Parque Cesamar me acompanhava.

Numa sexta-feira pela manhã, uma professora de fisioterapia me pergunta: "Você quer correr neste final de semana? Haverá uma prova de corrida de trilha em dupla". Respondi: "Eu não conheço ninguém que corra em trilha nessa cidade". Ela disse, então: "Não se preocupe, acharemos alguém para correr com você. Vá ao congresso técnico no final da tarde, no Pali Palam, no centro da cidade".

Estava muito empolgado e ansioso. Fazia um ano e meio que estava realizando provas de *trail running* após anos de corrida em pista e rua. Chegando no local, encontrei a professora, a qual me recebeu e apresentou para as pessoas. Passados alguns minutos, falaram-me que o meu parceiro para a corrida em dupla seria o Dr. Fabrício, médico e referência em corrida de trilha na cidade.

Uau! Imediatamente pensei: "Sou muito felizardo, vou correr na trilha, na cidade em que moro e ainda com um médico e especialista no assunto". Passados alguns minutos, eis que chega o Dr. Fabrício, um sujeito pequenino junto de sua esposa Scyla. Nós nos cumprimentamos e em poucos minutos veio a decepção: "Vou correr na prova amanhã com a minha esposa", disse Fabrício. Estava sozinho novamente. Mesmo assim, continuamos conversando e trocando experiências. No outro dia, realizei a corrida sozinho. Encontrei o Dr. Fabrício na largada e chegada, e dialogamos por muito tempo. Nascia ali uma grande e recíproca amizade. De pequeno, só o tamanho, pois grandioso é o seu coração e o seu ímpeto de contribuir com todos que estão ao seu redor.

Na época, Fabrício estava treinando para a Transgrancanaria, narrativa que ele abordará nas próximas páginas, da qual se origina todo o enredo deste livro. Acompanhei a parte final do seu ciclo de treinos para essa meta e sonho, dos quais destaco o que realizamos no Parque do Lajeado, em Palmas. Foi um treino de 42 quilômetros. Eu levei pouca água e comida para um treino no cerrado brasileiro e, além disso, o reservatório da mochila de corrida do Dr. Fabrício furou. Estávamos a 15 quilômetros do ponto de apoio, literalmente "correndo além da zona da morte". Com sabedoria, paciência e nos movimentando, passo a passo, chegamos em segurança.

Fabrício correu a Transgrancanaria; e de lá originou o enredo do que você vai ler nas próximas páginas. Dois anos depois estávamos juntos correndo nas Ilhas Canárias (Espanha).

Por quê?

Porque Fabrício despertou em mim o espírito de correr além da zona da morte.

O ser humano parado é um ser inerte, fadado a estagnar e morrer. Quando você se movimenta, ou melhor, corre (realiza atividade física), você vai além da zona da morte, isto é, vive e se eterniza...

Uma ótima leitura.

Adriano Chiarani da Silva
Porto Alegre (RS), 25 de maio de 2020.

SUMÁRIO

PREFÁCIO 7
NOTA DO AUTOR 13
A ARTE DE DESMANTELAR CALENDÁRIOS 15
EPÍLOGO 19
HUMANOS DESAJUSTADOS 27
ALIMENTO E MOVIMENTO 39
HUMANOS ATIVOS E CORAÇÕES FORTES 46
DESAFIOS 53
PERCEPÇÕES 61
CONTEMPLAR 70
CAMINHAR E CORRER 79
POR QUE CORRER COMO CORREMOS? 86
TRILHANDO CAMINHOS 93
COMPARTILHANDO CAMINHOS 107
UM PASSO DEPOIS DO HORIZONTE 114
DUROS CAMINHOS 122
CAMINHOS PARALELOS 129
ALÉM DA ZONA DA MORTE 143
AGRADECIMENTOS 163
REFERÊNCIAS 164

NOTA DO AUTOR

Como médico especialista em Medicina de Família e Comunidade e em Medicina do Exercício e do Esporte, entendo que esta última especialidade lida com pessoas que usam o exercício físico como uma ferramenta para melhorar sua qualidade de vida. Tenham essas pessoas doenças crônicas ou não, a especialidade auxilia nos projetos de intervenções em grupos populacionais no âmbito comunitário e, além disso, atua no controle do rendimento esportivo, na prevenção e na reabilitação de lesões relacionadas ao esporte. Portanto, o médico do exercício e do esporte, em uma visão holística, é o médico de família e comunidade dos esportistas e atletas.

Muitos dos relatos que transcrevo neste livro foram fruto do trabalho com pessoas que compartilharam comigo suas experiências, visando melhorar sua saúde ou mesmo seu rendimento em vários esportes, mas principalmente na corrida. Como admirador dessa modalidade, fundamentalmente nas trilhas e nas montanhas, a relação médica com essas pessoas em muitos momentos transcendeu as paredes frias do consultório. Inúmeras vezes me via não matando o tempo, mas sim usufruindo momentos, correndo com elas e no final até criando um vínculo de amizade, favorecendo a minha intromissão – perdão pela palavra, mas foi a que melhor encontrei para explanar aqui essa intervenção – na técnica, nos calendários e nas nossas agendas abarrotadas; encontrando uma abertura, por pequena que fosse, para escapulir e poder compartilhar dessa hora aberta entre nós. Além disso, pude aproveitar esses encontros ativos para também participar e colaborar nas orientações de como se comportar num evento de ultramaratona, fato que aumentou a minha curiosidade e também a desses atletas, que resolveram desenhar um pouco dos seus sentimentos e das suas trajetórias, ajudando a ilustrar esta obra.

Porém, o mais importante foi saber que alguns compartilham sentimentos e até mesmo a certeza ou a impressão de que temos um "amigo secreto" que também caminha ao nosso lado.

A ARTE DE DESMANTELAR CALENDÁRIOS

I - Hora aberta

Agora é a hora aberta
por onde tudo passa
por onde tudo entra
e a lâmina do tempo
amola e adensa.

Hora em que a força dos contrários
se movimenta no sentido anti-horário
para desmantelar os calendários.

Não há fim, nem começo,
apenas o excesso
do que se fez escasso;
somente o conteúdo elástico do silêncio
quando o corpo se dilata
sobre o leite das mangabas.

Agora, é o visgo
como vigília da véspera do voo.

II - Hora vaga

Olha que o silêncio é laço,
que a hora vaga é lassidão.

Olha que o vazio
é um ócio
ofício que me ocupo
preposto de solidão.

É na hora vaga
que me sinto pleno,
a fala se escapa
pela sala do silêncio
e a poesia me vem como um dreno.

Estou em estado de coisa nenhuma
estudo insetos e sombras
e o que me sobra
são objetos diretos
da ordem dos invertebrados.

A hora em que acendo vaga-lumes
com o fósforo das unhas
e divago na centelha
o que a abelha encerra.

Será mel o visgo da cera
ou a cera encerra
o ferrão da doçura?

Os marimbondos da insônia
afinam seu esmeril
para incendiar a noite escura.

Na hora vaga
não faço nada
senão tecer os cabelos grisalhos
pelos dedos de Deus.

Gilson Cavalcante (2016)

EPÍLOGO

Doze horas, 50 minutos e 57 segundos, esse foi o tempo que demorei para completar os 82 quilômetros da Advanced Transgrancanaria de 2015 em Maspalomas, na ilha de Gran Canaria (Espanha). Não foi um tempo exorbitante, nem mesmo o suficiente para estar entre os primeiros que fizeram em menos de quatro horas desse tempo, mas a satisfação foi imensurável.

Essa aventura, na realidade, começou no início de 2009, quando meu amigo Carles Amagat i Comas, ortopedista de Girona (Espanha), me disse que essa seria a minha prova, ao mesmo tempo que tentava me convencer a fazer com ele as 24 horas de *mountain biking* no interior da Itália. No dia 22 de dezembro daquele mesmo ano, meu amigo teve morte súbita!

A prova que seria "minha" passou a ser um pesadelo; entre trabalho, residência médica em medicina do exercício e do esporte, idas e vindas a Barcelona e distância da família, não me via centrado para enfrentar um *ultra-trail* daquele porte. Comecei a duvidar de que um dia a minha prova seria parte de mim como um feito, ou que dominaria meus sonhos. Fiquei um tempo sem fazer corridas. Uma ou outra, quando aconteciam, eram sempre de forma muita tranquila e o único resultado que procurava era a satisfação pessoal de poder correr.

Voltando a morar no Brasil, em 2013, decidi que era hora de conhecer a minha prova. Confesso que fiz apenas

12 semanas de treino sem planilha alguma, e numas intensidades entre leve e moderada, com algumas saídas de até 60 quilômetros, que fazia em solitário naquele extremo calor e umidade da Serra do Lajeado, em Palmas (Tocantins, Brasil).

Na solidão dos inúmeros treinos, nos quais eu nunca uso fones de ouvido nem outro tipo de dispositivo que possa atormentar minha relação com a natureza, a minha distração era escutar os sons do ambiente, ver a paisagem, sentir o cheiro do cerrado ao amanhecer e degustar alguma fruta como o cajuzinho do cerrado que encontrava pelos caminhos, ou castanhas com frutas que eu me via obrigado a levar na mochila como parte do meu material de sobrevivência.

Quando não treinava com amigos, ia só. E voltava a solidão das longas jornadas nas trilhas e estradões. As minhas companhias sempre foram a fauna, a flora... eu, eu mesmo e minha sombra.

Meu ex-colega de trabalho voltou a fazer parte dos meus pensamentos e o que seria a minha prova passou a ser a sua prova; o importante era participar para algo e por algo.

Mas por que fazer?

Fazer por ele, para mim, era dar uma resposta muito simples, mesmo sabendo que a vida é simples. Somos nós que a complicamos; ao dizer que era por ele ou em homenagem a ele, eu poderia estar me enganando. Da mesma forma, perguntamos: "Por que subir a montanha?" E recebemos aquela resposta: "Ora, porque ela está lá!".

Confesso que não gosto dessa resposta, quem sabe porque prefira complicá-la.

Mas, então, por que fazer uma travessia de parte de uma ilha próxima ao continente africano se eu me encontrava no coração do Brasil e poderia fazer praticamente o mesmo por aqui? A resposta não é tão simples. Então, tentarei descomplicar.

O ser humano procura sempre algo que o desafie, seja ele uma pessoa ativa ou passiva. Eu diria, usando as palavras do filósofo Mario Sérgio Cortella, que a diferença entre ambas as formas é que "o ativo quer mexer para ver acontecer, e o passivo quer ser mexido para ver se acontece" (CORTELLA, 2016).

Você termina um desafio, no nosso caso uma ultramaratona de montanha, e logo inventa outro – e se falamos em desafios em que o exercício físico é o protagonista, parece que não há limites. No meu caso, o desafio era fazer a prova!

Durante os longos períodos de treino, o meu corpo e a minha mente sofriam adaptações pelas quais eu sabia que passaria, já que anos antes eu as tinha experimentado quando treinava *triathlon*. Porém, eu sentia incômodas sensações, que sabia perfeitamente que não eram adaptações, as quais nunca tinha sentido antes. Correr horas e horas tendo como companhia apenas a natureza e minha sombra, e a sensação de uma "presença", em alguns daqueles treinos, me dava calafrios e medo, mas, ao mesmo tempo, me confortava.

Estranho!

Esse medo, que logo depois me trazia conforto por sentir aquela presença, não me tirava a coragem de seguir correndo; pelo contrário, me empurrava adiante como se eu quisesse ter essa companhia sempre ao meu lado.

Poderiam ser aquelas sensações de presença algum transtorno metabólico que durante o exercício físico de longa duração em condições extremas de temperatura e umidade estavam alterando a minha percepção?

Eu sentia a presença de algo próximo, de que alguém me acompanhava em alguns trechos; em outro momento ouvia passos e, ao me virar para ver quem ou o que era, não tinha nada nem ninguém... apenas minha sombra. Quando o sol batia de frente, às vezes me assustava com minha própria sombra ao vê-la atrás de mim, com a silhueta da mochila e seus apetrechos. Porém, eu ficava mais assustado quando o sol batia nas minhas costas, porque, então, eu via apenas a minha sombra à frente – nenhuma outra sombra – e ao mesmo tempo ouvia que algo me acompanhava e pensava: "Sinto algo atrás... se há alguém me acompanhando, pelo menos a sua sombra deveria estar projetada próximo a mim ou ao menos a meu lado, já que o sol está atrás e projetando a minha sombra adiante!".

Uma presença?

Seriam alucinações?

E se fossem alucinações, seriam elas fruto de algum problema orgânico cerebral?

Ou de um transtorno psiquiátrico eminente?

Admito que, mesmo com vários sustos, com inúmeras sensações de presença, eu nunca senti pânico nem angústia; pelo contrário, me sentia bem, e ao chegar em casa o conforto depois do treino era prazeroso.

A minha ansiedade passou a ser pré-treino. Antes de sair para treinar, essa ansiedade era devido ao desconhecimento, ao que poderia vir a acontecer durante as saídas. Aquelas sensações de presença não aconteciam sempre – eram mais pontuais e esporádicas, mas quando eu as sentia, confesso que me confortava, mesmo tendo aquela sensação de que um buraco se abria no meu estômago.

Quando um indivíduo, durante um exercício físico intenso, apresenta algum transtorno metabólico que possa alterar seus sentidos, como uma desidratação, no momento ele não se sente confortável, nem, muito menos, depois de sua recuperação.

Nos casos de alterações cognitivas, dificilmente aconteceriam apenas durante o exercício físico, e as respostas pós-crise tampouco seriam de um conforto que o deixaria com desejo de voltar a ter a crise. Pode ser que alguma pessoa teria o prazer de voltar a sentir o momento pré-crítico, como comentado por alguns neurologistas como Oliver Sacks, mas para o pós-crítico não há relatos.

Um problema orgânico cerebral teria repercussões constantes ou intermitentes, fazendo ou não exercício físico, e perdurariam ao longo do tempo.

E nenhum dos casos anteriores eu apresentava.

Maspalomas (Ilha de Gran Canaria, Espanha), 28 de fevereiro de 2015. Iniciei minha jornada com o nome de meu colega de trabalho estampado na manga direita e na parte interna da barra anterior da camiseta e com a sua foto como fundo de tela do meu celular. Após a viagem de ônibus desde Maspalomas até Fontanales, largamos às sete horas da manhã com um frio suportável, junto a quatro novas amizades que havia acabado de fazer.

Entre o terceiro e quarto quilômetro sofri uma distensão na panturrilha esquerda. Levei a mão à perna, uma leve massagem, aproveitei para caminhar um trecho, e foi quando tudo me veio em cima: dias sofridos de treinos, trabalho, família... Pensei: "Faltam apenas 80 quilômetros, é a sua prova!".

Eu estava motivado, e meu estímulo estava escrito. Voltei a trotar e logo a correr; uma vontade de chorar, sem saber se de raiva ou de alegria, me invadiu. Quase cinco horas correndo, vejo minha esposa e nosso companheiro de apoio, José Fortunato Segura García – conhecido como Segura –, um homem fantástico de Lanzarote. Ver, ouvir, cheirar e sentir o alento de minha esposa naquele momento me manteve no rumo e suas palavras de ânimo me empurravam adiante. E assim foi em vários pontos da prova, onde nosso apoio poderia estar.

Mas logo me vi em "Terra de Ninguém". Essa terminologia eu costumo usar no esporte de longa duração ou de resistência (*endurance*), principalmente no mundo do *ultra-trail*, e significa estar só; não visualizar um grupo ou alguém à sua frente nem atrás de você. Em vários momentos eu me encontrei assim, e foi justamente nessa terra que eu voltei a sentir aquela presença. A satisfação de ver minha sombra e sentir uma presença na Terra de Ninguém era a força que me impulsionava e me fazia esquecer as inúmeras dores que sentia.

A poucos quilômetros da linha de chegada, a noite caiu, mas não precisei acender a lanterna porque já estava em Maspalomas. Ao ver e ouvir meu apoiador, minha esposa gritando, o locutor fazendo minha referência e os aplausos do público fiel ao evento, não pude conter as lágrimas. Com a mão esquerda batia constantemente no meu braço direito e com o punho fechado e, em silêncio, repetia seu nome e dizia: "Essa é a nossa prova!".

Muitos ultramaratonistas relatam ter sentido algum tipo de presença em algum momento de suas vidas durante uma atividade física de longa duração. Ciclistas, montanhistas, corredores de aventura; em quase todos os esportes de *endurance* há relatos parecidos.

Mas por que isso ocorre?

Isso seria causa e efeito dos loucos por endurance?

Alguns se desafiam a tal ponto que se colocam no limiar do que poderíamos chamar de normal?

Assim como o limiar aeróbio, anaeróbio, de temperatura corporal, há um limiar do estado cognitivo que possa influenciar essa sensação perceptiva?

Estar na "Terra de Ninguém", tendo eu, eu mesmo, a minha sombra e o outro (a presença) pode ser tão introspectivo como extravagante.

O fato é que o prazer de sentir essa presença, a sua sensação de proteção e o conforto, nos dá asas para ampliarmos nossos horizontes, nossas percepções e seguirmos com nossos desafios!

HUMANOS DESAJUSTADOS

> *Aqueles indivíduos que optem pelo sedentarismo devem passar por uma avaliação clínica, para que seja determinado se seus corpos podem suportar os rigores de um estilo de vida sedentário* (apud KENNEY; WILMORE; COSTILL, 2013, p. 503).

Desde sempre fui fascinado pelo movimento, pelo exercício físico – desde as artes marciais, iniciadas com meu irmão aos cinco anos de idade, às corridas de longa distância, passando pela natação, *bicicross*, *triathlon*, aulas de alongamento e *ballet* com minhas irmãs.

Em um fragmento do livro "Tao-Te King: o livro do sentido e da vida" de Lao-Tzu, publicado no Brasil pela editora Pensamento (2006), encontrei o que realmente tem muito a ver com o que sentimos e prescrevemos diariamente àqueles que nos procuram no consultório para uma orientação quanto ao exercício físico e mesmo para aqueles que um dia puderam praticar e que hoje desejam encontrar um norte após eventos desagradáveis que comprometeram sua vida e a de seus familiares. No fragmento, ele diz: "No movimento o bem se manifesta na oportunidade da ação" (LAO-TZU, 2006, p. 44). Segundo Osho:

> Lao-Tzu chamava seu caminho de "O Caminho da Água Corrente" por muitas razões. *Primeiro*, a água é suave, humilde; ela busca os lugares menos elevados. Pode chover no Everest, mas a água não permanece lá; ela corre

em direção ao vale. E, no vale, ela também procura as partes mais profundas. Ela não é ambiciosa. Não tem a ambição de ser a primeira. Ser como a água significa se sentir absolutamente feliz em ser ninguém. *Segundo*, água significa movimento. Ela está sempre se movendo e, sempre que está parada, fica suja, impura, até venenosa. Ela morre. A vida dela é movimento, dinamismo, fluxo. Todavia a vida é um fluxo, nada é estático. (OSHO, 2014, p. 1).

Não podemos perder oportunidades!

E é por isso que quero destacar também trechos de duas obras que considero importantes. Uma delas é a do jornalista Christopher McDougall, publicada no Brasil em 2010 pela editora Globo, com o título "Nascido para correr: a experiência de descobrir uma nova vida":

> Apenas há pouco tempo contamos com uma tecnologia que trouxe a preguiça para o nosso estilo de vida, e isso aconteceu quando transferimos os nossos corpos duráveis, próprios para a caça e a coleta, para um mundo de lazer artificial. Acabamos com as ocupações que o nosso corpo está programado a fazer, e estamos pagando a conta [...] Quase todas as principais causas de morte no mundo ocidental (problemas cardíacos, acidente vascular encefálico, diabetes, hipertensão, depressão e várias formas de câncer) eram desconhecidas dos nossos ancestrais. (MCDOUGALL, 2010, p. 329-30).

A outra obra, mais recente e citada por McDougall no seu livro, é a do Dr. Daniel Eric Lieberman, chefe do

Departamento de Biologia Evolutiva Humana da Universidade de Harvard, publicada em 2015 pela editora Zahar, no Brasil, com o título "A história do corpo humano: evolução, saúde e doença":

> Não evoluímos para ser saudáveis; fomos selecionados para ter o maior número de filhos possível sob condições diversas, desafiadoras. Em consequência, nunca evoluímos para fazer escolhas racionais com relação ao que comer ou como nos exercitar em condições de abundância e conforto. Mais ainda, interações entre os corpos que herdamos, os ambientes que criamos e as decisões que por vezes tomamos puseram em movimento um insidioso circuito de retroalimentação. Contraímos doenças crônicas fazendo o que evoluímos para fazer, mas sob condições a que nossos corpos estão mal adaptados, e depois transmitimos essas mesmas condições a nossos filhos, que também adoecem. Se desejamos deter esse círculo vicioso, precisamos descobrir como nos cutucar, empurrar e por vezes obrigar, de maneira respeitosa e sensata, a comer alimentos saudáveis e ser mais ativos fisicamente. Isso também é aquilo que evoluímos para fazer. (LIEBERMAN, 2015, p. 11).

Isso nos faz lembrar uma das frases atribuídas a Hipócrates de Cós (IV a.C.): "Se pudéramos dar a cada indivíduo a quantidade justa de alimento e exercício, nem muito nem pouco, haveríamos encontrado a maneira mais segura de conseguir a saúde".

Esse meio-termo, ideal de "nem muito nem pouco", equilibrado entre o que eu digo do perfeito circuito movimento-alimento-movimento, é o que nos inspira e nos instiga a investigar e tentar encontrar esse equilíbrio tão difícil na prescrição não medicamentosa na prática clínica diária.

Segundo a Organização Mundial da Saúde (OMS), a inatividade física é um dos grandes fatores de risco de morte em todo o mundo, juntamente à hipertensão, tabagismo, hiperglicemia, sobrepeso e obesidade. Ela está cada vez mais estendida, repercutindo consideravelmente na saúde geral da população mundial, na prevalência de doenças não transmissíveis como as cardiovasculares, diabetes ou câncer.

Para prevenir e tratar essas doenças de desajuste, como as cardiovasculares e seus fatores de risco, é indispensável conhecer a evolução humana.

Para Lieberman, as doenças de desajuste seriam "aquelas que resultam do fato de nossos corpos paleolíticos serem pobres ou inadequadamente adaptados a certos comportamentos e condições modernas" (LIEBERMAN, 2015, p. 192).

Estima-se que a inatividade física é a causa principal de aproximadamente 30% das cardiopatias isquêmicas. Seis a cada dez mortes são atribuídas a doenças não transmissíveis (OMS, 2010).

Por exemplo, o que se vê descrito pela OMS, e que poderia justificar os efeitos tendenciosos para essa catástrofe anunciada da inatividade física do ser humano atual, resume-se basicamente em três fatores: (1) envelhecimento da população; (2) urbanização rápida e não planejada; e (3) globalização, cada uma das quais se traduz em entornos e comportamentos insalubres.

Poderiam essas, então, ser consideradas as causas de desajustes evolutivos, como diria Daniel E. Lieberman?

Muitas das doenças crônicas não transmissíveis são doenças de desajuste. Esses desajustes são causados por estímulos excessivos, insuficientes ou muito novos. Dessas doenças, as cardiovasculares são as que têm maior impacto na saúde mundial, tanto por suas consequências diretas como pelas indiretas, assim como pelo fator econômico que implica o seu tratamento.

Há um consenso internacional, e já demonstrado, de que a atividade física regular reduz o risco de cardiopatias coronarianas, acidente vascular encefálico, diabetes tipo II, hipertensão arterial sistêmica, depressão, osteoporose, câncer, entre outras, sendo essa atividade um fator determinante no gasto calórico, fundamental para atingir o equilíbrio energético e o controle de peso.

A atividade física seria um meio adequado para combater essas doenças de desajuste, principalmente se aplicada desde antes do seu aparecimento, sendo um bom exemplo a prescrição do exercício físico aeróbio, como a corrida (*running*), na hipertensão arterial sistêmica (FRAUZINO, 2017).

Não estão bem definidos os mecanismos fisiopatológicos para o desenvolvimento da hipertensão arterial sistêmica essencial ou idiopática, mas é importante destacar alguns fatores importantes, a saber:

Há possibilidades de ligação da hipertensão com a doença arterial coronariana, diabetes tipo II, dislipidemia e obesidade por meio da via comum de resistência à insulina [...] É também provável que a obesidade seja o 'deflagrador' que dá início à cascata de eventos conducentes à síndrome metabólica [...] Há muitos anos, o papel que a atividade física pode desempenhar na prevenção ou adiantamento do início da hipertensão vem sendo objeto de grande interesse para a comunidade médica [...] Diferentemente da doença arterial coronariana, o papel da atividade física na redução do risco de hipertensão não ficou tão bem estabelecido. O treinamento físico baixa a pressão arterial nos indivíduos hipertensos moderados, mas não foi possível desvendar completamente os mecanismos precisos que permitem tal redução. (KENNEY; WILMORE; COSTILL, 2013, p. 532-7).

Pensando assim, a mudança no estilo de vida é imperante. O movimento-alimento-movimento entra de cheio nos hábitos das pessoas. Mas, para realizar mudança no estilo de vida, com a inclusão de exercícios físicos regulares, isso implica em esforço, em um desafio. Esse desafio deve passar a ser um hábito diário, e esse hábito uma higiene pessoal.

Correr diariamente é um hábito de higiene. Correr é ser ativo e, portanto, seria uma estratégia adequada usá-lo como uma ferramenta para a prevenção e tratamento dessas doenças de desajuste, principalmente as cardiovasculares. A corrida é uma prescrição do exercício físico; uma prescrição não medicamentosa de acordo com as orientações da mudança do estilo de vida.

Mas por que correr como modo de exercício e não outra atividade?

Porque correr é a ação mais antiga e adaptada do corpo humano. O ser humano evoluiu correndo e seu coração está desenvolvido para o movimento:

> O atletismo é chamado de esporte-base, porque sua prática corresponde a movimentos naturais executados pelo ser humano, como correr, saltar e lançar. Não por acaso, a primeira competição esportiva de que se tem notícia foi uma corrida com cerca de 200 metros, chamada pelos gregos de *Stadium*, realizada nos Jogos Olímpicos da Antiguidade, celebrados em Atenas. (CBAt, 2009, online).

Além de ser considerado esporte-base, o atletismo é também conhecido como o esporte-rei devido ao fato de que essa habilidade é usada em várias modalidades esportivas (OLIVEIRA, 2010), sendo a corrida uma das atividades mais realizadas nas aulas de educação física nas escolas atualmente, assim como pela população em geral.

Em 1984, Roberts W. C. publicou no American Journal of Cardiology que havia descoberto um "agente" que melhora o perfil lipídico, é inotropo positivo e cronotropo negativo, é vasodilatador, diurético, anti-hipertensivo, anorexígeno, ajuda a perder peso, é laxante, antidepressivo, tranquilizante e hipoglicemiante; esse agente é o exercício físico.

Tiveram que se passar mais de 2.400 anos para demonstrar que Hipócrates estava no caminho correto, assim como Lao-Tzu.

Portanto, já não se discute sobre os efeitos benéficos da atividade física, tanto para o corpo como para a mente, e é nesse sentido que:

> A Escola e a disciplina Educação Física assumem papéis fundamentais no fomento das práticas saudáveis de exercitar o corpo e a mente desde a infância, oferecendo um ambiente adequado e que faz parte do cotidiano destes indivíduos, não havendo dificuldades de acesso ao local, o que favorece a adesão e resultado da atividade física. (CELESTRINO, 2006, online).

Essa mesma estratégia deveria ser aplicada nas empresas para seus trabalhadores, nos centros comunitários, universidades e nas praças públicas. Mas, "desafortunadamente, sabemos que muitos jovens e seus familiares não seguem as recomendações de ensino e de atividade física regular apesar de reconhecerem os benefícios à saúde" (FRAUZINO, 2015); e, nesse caso, tenho que concordar com Drauzio Varella quando diz que "propor mudanças de estilo de vida é uma das tarefas mais inglórias da medicina" (VARELLA, 2015, p. 200).

O sobrepeso e a obesidade chegaram a níveis alarmantes e de proporções epidêmicas, acompanhados de hipertensão arterial sistêmica, diabetes tipo II e dislipidemia e, quando expressadas em conjunto ao menos três dessas entidades em um mesmo indivíduo, surge a tão polêmica e temida síndrome metabólica, sendo esta uma "bomba-relógio" da doença cardíaca coronariana. Essas são doenças de desajuste, atualmente as vilãs do impacto dos gastos sanitários globais e, muito provavelmente, você ou algum ente próximo morrerá de uma delas ou sofrerá sequelas permanentes causadas por elas.

Nesse sentido, não são somente os profissionais da Educação Física e Esporte que devem estar implicados na prática da atividade física e prescrição do exercício físico, mas também os profissionais da saúde devem ter conhecimento e ser facilitadores desse método. A promoção da saúde é um determinante como um todo, em que a atividade física é o fator de proteção, induzindo desde as crianças até os avós aos bons hábitos de alimentação, relacionamento social e familiar; e, desde o ponto de vista fisiológico, atuando na melhoria do controle glicêmico, no equilíbrio calórico, permitindo prevenir ou tratar esses desajustes.

Porém, o grande dilema, no que diz respeito à mudança do estilo de vida, surge quando essa necessidade é levada à prática:

> Uma perspectiva evolutiva prevê que a maior parte das dietas e programas de exercícios físicos fracassará, como de fato fracassam, porque ainda não sabemos como bloquear instintos primais outrora adaptativos a comer doce e pegar o elevador. Além disso, como o corpo é um complexo amontoado de adaptações, todas as quais tiveram custos e benefícios, e algumas das quais em conflito com as outras, uma dieta ou programa de exercício físico

perfeitos são coisas que não existem. Nossos corpos são cheios de soluções conciliatórias. (LIEBERMAN, 2015, p. 191-2).

Como disse a OMS sobre um dos fatores desse problema – o envelhecimento da população –, cabe lembrar que ao envelhecer perdemos nossa capacidade de reprodução e nos tornamos mais propensos a desenvolver problemas cardiovasculares e mutações genéticas.

Nós, seres humanos, evoluímos para ter filhos e perpetuar a espécie, mas atualmente temos menos filhos e vivemos mais, alguns com pior qualidade de vida. Esse é outro fator a ser levado em consideração nas estratégias preventivas em longo prazo. O processo de envelhecimento não é causa direta de doenças cardíacas e cânceres, mas é evidente que são mais comuns com o passar dos anos, ajudando a explicar sua maior incidência à medida que envelhecemos.

Ao longo dos anos, as mudanças na nossa história de vida podem justificar a relação com doenças de desajuste como adaptações genéticas a certas condições ambientais, influenciando nesse desenvolvimento e evolução. Logo, ao envelhecermos, passamos por diferentes estágios que podem afetar nossa suscetibilidade à doença.

A maioria das doenças de desajuste está sujeita a um circuito nocivo que se retroalimenta continuamente, sendo que algumas dessas são obras de nossa própria cultura.

Não é demais lembrar que a inatividade física e a alimentação desbalanceada com altos índices calóricos promovem obesidade, a qual é uma das principais causas de hipertensão arterial sistêmica em adolescentes e adultos jovens na atualidade, juntamente ao consumo excessivo de cloreto de sódio e álcool. Sendo assim, é fato que a melhor prevenção para esses problemas é o binômio alimento-movimento ambos equilibrados. Pensando dessa forma, talvez seria bom atuar como nossos ancestrais caçadores-coletores, mas sem esquecer a parte mental e espiritual.

Para Yuval Noah Harari, como descrito em seu livro "Sapiens – Uma breve história da humanidade", publicado no Brasil pela L&P na edição Pocket de 2018:

> Os caçadores-coletores dominaram não só o mundo dos animais, plantas e objetos à sua volta como também o mundo interno de seu próprio corpo e sensações. Eles ouviam o menor movimento na grama para saber se havia uma cobra à espreita. Observavam cuidadosamente a folhagem das árvores para descobrir frutas, colmeias e ninhos de pássaros. Moviam-se com um mínimo de esforço e ruído e sabiam como sentar, caminhar e correr da maneira mais ágil e eficiente. O uso constante e variado do corpo os tornava tão aptos quanto maratonistas. Eles tinham um nível de destreza física que as pessoas hoje são incapazes de alcançar, mesmo após anos de prática de yoga ou de tai chi. (HARARI, 2018, p. 77).

O fator genético é transmitido de gerações a gerações; e se é um fator de risco para alguma doença, este não é modificável, assim como, também, o sexo, a idade e a etnia. No entanto, alguns fatores ambientais são criados e desenvolvidos pela cultura na qual vivemos, e esses fatores são transmitidos para as gerações futuras, não como o fator genético – mas sim como fruto de uma evolução cultural, porque essas "condutas ambientais", por exemplo os hambúrgueres extragrandes, para não difamar outros alimentos supercalóricos, somados com horas debruçados em um computador ou esparramados no sofá, passando canais que nem ao menos consegue assistir, são perpetuados para outras gerações, o que leva a promover doenças de desajuste, principalmente as cardiovasculares. Esse ambiente cultural, juntamente aos antecedentes pessoais dessas doenças crônicas, torna esse complexo emaranhado etiológico de difícil tratamento e prevenção.

Nos antecedentes evolutivos do ser humano, nossos ancestrais caçadores-coletores foram praticamente os mais adaptados a ser fisicamente ativos, e à medida que evoluímos das comunidades de agricultores até a revolução industrial e tempos atuais nos tornamos mais sedentários e dependentes de modos de vida que pouco ajudam a nos manter ativos.

ALIMENTO E MOVIMENTO

> *O lobo cessa de comer quando sua necessidade é satisfeita, o homem, por outro lado, passa dias e noites, desavergonhadamente, no banquete.* (HIPÓCRATES, 2011, p. 59).

Sempre que falo da aplicabilidade do exercício físico na prescrição médica, falo da teoria da árvore, uma analogia de duas situações simples e fácil de assimilar, para poder transmitir de forma clara e me fazer entender.

A teoria da árvore engloba duas analogias, pensando que desde sempre o ser humano só se movimenta para comer e para procriar. A comida está no consciente do ser humano e no seu limitante do tempo que é o sistema digestório. Enquanto estivermos satisfeitos, não nos mexemos e esse é o tempo em que ficamos em repouso. Quando começa o desconforto do gatilho da fome, como animais que somos, começamos a nos mover; da mesma forma para satisfazer a necessidade sexual!

Na teoria da árvore do movimento, para entender o que seria esse movimento nos dias de hoje, deveremos seguir uma linha de pensamento. Imagine uma árvore de raízes fortes e profundas. Essas raízes são os profissionais da educação e da saúde; o tronco grosso somos todos nós, humanos; os galhos são as diversas atividades ocupacionais; as folhas, a atividade física; a fruta seria o exercício físico; e o caroço, o esporte.

A atividade física é qualquer movimento corporal, produzido pela musculatura esquelética, que tem como resultado um consumo energético acima do metabolismo basal. O exercício físico é a atividade física planejada, estruturada e repetitiva que tem por objetivo a melhora ou manutenção de um ou mais componentes da forma física. O esporte é o exercício físico desenvolvido dentro de um marco regulamentar e competitivo. (VALLBONA C. *et al.*, 2007, p. 11, tradução própria).

O esporte incentiva e inspira o treino e o exercício físico. Hoje, principalmente o esporte profissional tem a capacidade de mover milhões de pessoas – imagine assistir à maratona de São Paulo, Rio de Janeiro, Porto Alegre, Boston, Berlim, entre muitas outras, e até mesmo participar de uma dessas; já não digo a motivação em querer ser como os "heróis" dessas corridas, da natação, do *triathlon*, do futebol... isso atrai e eleva o estado de espírito dos indivíduos e, em certas circunstâncias, faz até mesmo com que alguns saiam de seus sofás macios para poder dar alguns passos e abandonar o sedentarismo.

A atividade física está em tudo o que fazemos. Uma relação sexual pode ter um gasto calórico equivalente a uma corrida de sete quilômetros, se essa corrida fosse realizada no plano e durante uma hora; ou seja, correr a uma velocidade de 7 km/h durante uma hora, e não durante dez minutos!

Para alguns, dependendo de como se vê, o sexo poderia ser até mesmo exercício físico e, para outros, um esporte..., mas isso já são outras discussões. Quilômetros por hora para mais ou para menos, quem se importa? Não nos cabe, aqui, medir distâncias nem velocidades de egos alheios.

O exercício físico estaria no centro do que constituem a atividade física e o esporte. Não há esporte sem exercício físico, e nem o exercício físico sem a atividade física (FRAUZINO, 2016).

Portanto, se nos mexemos para suprir nossas necessidades fisiológicas como comer, hidratar, urinar, defecar e relacionar sexualmente, o ser humano tem dois pilares principais de sustentação: o alimento e o movimento!

Além desses pilares fisiológicos, existem outros pilares tão fortes como esses, tais como o da força mental, o da força espiritual, os relacionamentos familiares, as relações sociais e com o meio ambiente, os quais devem estar em perfeito equilíbrio e harmônicos.

Para se manter ativo, com saúde, é fundamental uma alimentação condizente com hábitos de vida saudáveis e, para isso, uso outra analogia na teoria da árvore para tentar explicar nossa caça moderna do alimento: as compras!

Devemos comprar somente alimentos e não produtos alimentícios.

Na teoria da árvore do alimento, imaginemos as raízes (e não precisam ser de uma árvore propriamente dita): aqui estão as cenouras, mandiocas, beterrabas, entre várias outras de características semelhantes; do tronco, comemos o palmito, guariroba; das folhas comemos, couve, alface, rúcula, manjericão; dos galhos pegamos frutas, sementes e castanhas; das flores fazemos chá; e pode ser que em algum galho haja um ninho e, ali, ovos, ou mesmo um animal para os desejosos da carne. Para não falar dos cogumelos, alimentos riquíssimos!

Para quem ainda não conhece, temos as chamadas plantas alimentícias não convencionais (PANC), que são "frutos, frutas, folhas, flores, rizomas, sementes e outras partes das plantas que podem ser consumidas pelo homem e também as 'partes não convencionais' das plantas comuns" (KINUPP, 2014, p. 7).

Veja que nessa analogia, ao fazer o "carrinho do supermercado ou da feira", não aparece nenhum produto empacotado, engarrafado ou enlatado; e você ainda poderá optar, segundo as suas necessidades e disposição, por se apresentar na cozinha e desfrutar de uma boa comida feita por você mesmo.

Nos tempos de Hipócrates, ele diria "bons frutos sairão da terra, raízes, ervas e flores como o antídoto para a loucura" (HIPÓCRATES, 2011, p. 33). Nada mais atual que essa frase, verdade?

Sem ser tão radical, os peixes congelados, queijos, entre outros de alto valor biológico devem sim estar devidamente fechados. Esse processo nos trouxe um grande salto no nosso desenvolvimento humano; com isso, não quero que confunda certos matizes, mas que entenda que não existem alimentos saudáveis, e sim pessoas com hábitos saudáveis.

E se essa árvore está num caminho que passa perto de um riacho, por que não ficar nas suas margens, fazer um bom descanso e beber um pouco das suas águas cristalinas e refrescantes...

Aproveite e sinta a sua respiração.

Quem sabe volte a pensar em fazer uma fogueira com os amigos, realizando um encontro comunitário para desfrutarem uma boa comida em conjunto e conversarem olho no olho, indo algo além das suas entretidas telas. Aqui, abro um parêntese para dizer algo mais que as simples palavras do alimento e do movimento:

> As fogueiras do passado deram a um novo tipo de fogo. Um fogo que se espalha de uma mente para outra, de uma tela para outra – a combustão de ideias que estão na ordem do dia. Isso é fundamental. Todos os elementos importantes do progresso só ocorreram porque indivíduos comunicaram ideias a outros e depois todos colaboraram para fazê-las virar realidade [...] Muitas vezes ideias que poderiam solucionar nossos problemas mais prementes permanecem desconhecidas porque as pessoas brilhantes que as tiveram carecem de autoconfiança ou de conhecimentos para transmiti-las com eficácia. Isso é uma tragédia. (ANDERSON, 2016, p. 14).

Transmita essa informação e cuide bem de seu intestino, e seu cérebro agradecerá. Um sistema nervoso central agradecido é saúde plena!

Atualmente conhecido como o sistema nervoso entérico ou, também, como nosso "segundo cérebro", o sistema digestório possui um emaranhado de células interconectadas com o sistema nervoso central.

Com esse alimento que ingerimos para que se transforme em energia, nosso corpo trabalha a pleno vapor com múltiplos órgãos, cada um na sua função, como se de um *pit stop* de Fórmula 1 se tratasse, para atingir um único objetivo: nutrir!

Nesse contexto de trabalho infernal, o cérebro "delega" para o sistema nervoso entérico o controle da digestão em sua maior parte. O sistema nervoso entérico não é tão complexo como o cérebro. Além disso, não tem capacidades cognitivas, é claro; senão seria um desastre ter o nosso estômago pensando e tomando decisões...

Bom... para algumas pessoas parece que isso acontece!

O sistema digestório possui uma grande rede de neurônios diferenciados para o seu trabalho. Com isso, não seria conveniente um trabalho tão árduo como a digestão não ser "delegado" por nosso sistema nervoso central, como o grande cérebro, tornando mais eficiente essa aparente autonomia do sistema nervoso entérico.

Essa estrutura complexa é um perfeito laboratório com grandes reações químicas capaz de seguir mantendo seu corpo e mente funcionando. Não esqueça que desde o ponto de vista anatômico, o sistema digestório inicia na boca e termina no ânus, e que o papel fisiológico da digestão começa quando você sente a presença do alimento, seja pela visão, olfato, tato; antes mesmo de uma possível degustação.

Esse "segundo cérebro" que controla o processo de digestão para que você possa se nutrir dos alimentos que você ingeriu, também nos protege. Está claro que certos alimentos estão contaminados por bactérias, fungos ou vírus e que podem ser prejudiciais. Portanto, o sistema digestório trabalha em conjunto, abrigando boa parte de células de defesa do sistema linfocitário, preponderante para um outro sistema: o de defesa. O sistema nervoso entérico e o cérebro funcionam independentemente, mas intercomunicados, sendo regulados segundo a saciedade. Essa "intercomunicação" também explicaria aquele desconforto na barriga, como as náuseas, vômitos, diarreias ante uma situação de estresse...

Se o nosso intestino é tão importante assim, por que o tratamos tão mal?

Sentar diante uma fogueira, diminuir o ritmo do seu dia a dia, conversar com as pessoas que compartilham com você desse momento, seja de um bom assado ou de uma salada fresca de verduras ou frutas, cantar, namorar, não seria retornar aos anseios de nossos ancestrais?

Conversar e discutir sobre sua velha árvore... quem sabe a sua árvore genealógica e participar de uma constelação familiar?

Quem sabe, antes disso, dividir as tarefas do seu grupo na realização do movimento de quem iria caçar, coletar e preparar o alimento para, com isso, atingir uma meta comum: a saúde!

HUMANOS ATIVOS E CORAÇÕES FORTES

> *Enquanto a doença não passa rente a nós, a vida nos parece infinita e acreditamos que sempre haverá tempo para lutarmos pela felicidade [...] Adiando sempre para o dia seguinte a busca do essencial, corremos o risco de deixar a vida escoar entre nossos dedos, sem jamais tê-la de fato saboreado.* (SERVAN-SCHREIBER, 2011, p. 42).

Desde o ponto de vista evolutivo, macacos antropoides andam menos de três quilômetros por dia, mas os seres humanos têm a prodigiosa capacidade de percorrer longas distâncias andando. O estilo de vida caçador-coletor de nossos ancestrais fazia com que as mulheres pudessem caminhar uma média de 9 quilômetros por dia, enquanto os homens, de 15 a 30 quilômetros. Adaptações ósseas, como as do quadril, das pernas, dos pés, das articulações e grupos musculares dessas regiões anatômicas, do formato do nariz, menor número de pelos e desenvolvimento de glândulas sudoríparas melhoraram a termorregulação e ajudaram a tornar o gênero humano ainda mais apto a caminhar por longas distâncias (LIEBERMAN, 2015, p. 98-105).

A capacidade de andar sobre dois pés, uma postura bípede, foi fundamental para essas adaptações – tornamo-nos menos velozes se comparados com outros mamíferos, mas melhoramos a capacidade de andar longas distâncias em condições ambientais extremas de temperatura e umidade.

Mas se estamos adaptados para caminhar longas distâncias, por que correr?

Há quase 30 sinais de evidências, no corpo humano, de que adotamos características essenciais de um animal corredor ao longo de nosso processo evolutivo. Infelizmente, nenhuma delas demonstra diretamente a relação sobre as adaptações cardiovasculares, quem sabe devido ao processo de decomposição rápida dessas estruturas após a morte; o que não seria assim se fossem todos encontrados mumificados! Porém, seria possível relacionar, de forma análoga com aqueles principais sinais, desde os pés à cabeça. Devemos lembrar que o coração e o vasos realizam a função primordial de "ejetar" oxigênio absorvido do ar atmosférico pelos pulmões, assim como os nutrientes e água absorvidos do sistema digestório ao organismo, e recolher as toxinas que são fruto do seu metabolismo. Através do sangue, e para que haja essas adaptações musculoesqueléticas, não se pode imaginar alguma dessas adaptações sem a participação do coração, que nesse caso também deve ser considerado um órgão feito para o movimento, para a caminhada e para a corrida de longa distância.

Desde o ponto de vista anatômico, o pé "é o mais especializado, em termos de função, e específico dos seres humanos" (GAVIN, 2017, p. 265).

Talvez devido à necessidade de melhorar a performance respiratória, nossa evolução nos impulsionou ou nos empurrou a ficar de pé! E essa postura pode ter gerado outras transformações, mudando a conformação de nossos corpos. Respirar é essencial!

Quanto melhor você respira, melhor você caminha para coletar os alimentos, como frutas, tubérculos e sementes, e também se locomove para transportar esses alimentos coletados ou mesmo para a procura de novas moradias. Ao mesmo tempo, quanto melhor respira, melhor você corre para caçar ou para fugir, evitando assim a morte. Surge, com isso, o "homem corredor" (*apud* MCDOUGALL, 2010, p. 292-310).

Evoluímos por questões de melhor assimilação do oxigênio presente no ar. Ao ficarmos em pé, a nossa respiração é facilitada, ao contrário de outros mamíferos que resfriam pela respiração. Além disso, o ser humano também melhorou sua capacidade de termorregulação ao contar com milhões de glândulas sudoríparas e uma pele com menos pelos.

Ora, se ao estarmos em pé e entrarmos em movimento melhoramos nossa respiração, com melhor aproveitamento do oxigênio – sendo este levado desde os pulmões até o mais profundo componente da célula muscular, como, por exemplo, a mitocôndria, para a sua utilização nos processos energéticos e, consequentemente, a liberação de calor, água e CO_2 –, devemos concluir que o sistema cardiovascular é o principal elemento nesse processo, para não dizer fundamental na evolução humana. O coração "conecta" os pulmões aos músculos e os músculos aos pulmões de forma sincrônica, assim como todo os outros sistemas, formando o que eu chamaria de "perfeita engrenagem". Além disso, o calor gerado pelo corpo em movimento provoca maior ativação das glândulas sudoríparas, com aumento da produção de suor, e na pele ocorre a vasodilatação com a intenção de que o "sangue quente" possa passar o mais próximo do meio externo, para assim favorecer a perda de calor e, consequentemente, o resfriamento; assim se constitui a termorregulação própria do ser humano. Toda essa engrenagem surge para favorecer um movimento eficiente, equilibrando o consumo de oxigênio, aporte de nutrientes e água com a produção de energia e controle da temperatura corporal, resultado de adaptações cardiovasculares ocorridas ao longo de milhares de anos. Nossos ancestrais eram homens e mulheres ativos, longilíneos, fibrosos e de corações fortes.

Mas, nesse caso, por que a corrida de resistência ou de longa duração seria uma vantagem na evolução da espécie humana?

Todos sabiam que, em algum momento da história, os humanos primitivos tiveram acesso a um grande aporte de proteína, o que permitiu que o cérebro crescesse [...] O cardápio do homem das cavernas mudou há milhões de anos, quando o *Australopithecus* evoluiu e se transformou em *Homo erectus*, magro e de pernas longas, cabeça grande e dentes menores e bem adaptados ao consumo de frutas e de carne [...] Neste período ainda não haviam desenvolvido armas de caça, e a resultante para poder encontrar grandes quantidades de carne com alta concentração de calorias, gorduras e proteínas foi a caça de persistência realizada apenas com as mãos, e claro, correndo de forma persistente atrás do animal até que este caísse quase morto por exaustão [...] Animais peludos se resfriam pela respiração, então em dias de condições ambientais extremas de temperatura e umidade, como por exemplo, ao meio dia, uma corrida de fuga de alta intensidade para estes animais seria fatal [...] Mas e para nossos ancestrais? Neste caso "a corrida de persistência, nesta caçada, é feita a intensidades moderadas intercaladas com pequenos descansos, já que caçam em grupo cooperando e a termorregulação falaria a seu favor" [...] Nestes grupos de caçadores todos participavam das caçadas, desde as crianças aos avós, passando pelas mulheres e até mesmo as gestantes, todos corriam. (*apud* MCDOUGALL, 2010, p. 304-9).

Uma dúvida intrigante é por quanto tempo ou quantos quilômetros seria preciso correr para conseguir levar um desses animais à morte e com isso poder consumir a sua carne. A resposta, segundo o próprio Lieberman (2015), seria de uns 10 a 15 quilômetros de corrida. Esses caçadores-coletores corredores usavam uma tática baseada na convicção de que, para caçar, não poderiam estar com a barriga cheia; então, na maior parte do tempo coletavam e consumiam frutas e raízes ricas em carboidratos, vitaminas e minerais, o que favorecia a manutenção energética durante a caçada.

Portanto o caçador-coletor, o "homem corredor", dependia das suas pernas e coração fortes para a locomoção, obtenção de alimentos e fuga, implicando resumidamente na sobrevivência e perpetuação da espécie.

Mas hoje não precisamos correr para coletar e caçar, nem fugir, então por que correr?

Quem sabe porque correr nos leva a nossas origens, ao movimento mais ancestral e primal capaz de equilibrar nossas energias. O problema é que, se não precisamos correr, baixamos a guarda! Como hoje temos comida em abundância, de fácil acesso e transportes motorizados que nos levam a qualquer lado, baixamos a guarda e é nesse momento que o inimigo ataca; e esse inimigo é a doença ou a morte!

Diante desses fatores evolutivos, não podemos fechar os olhos para as corridas de resistência, como algo importante para nossos corpos engordurados e amolecidos, por esse modo de vida moderno que optamos por seguir. Esse mesmo estilo de vida nos dirige a uma cultura que dissemina os exercícios extremos como uma insanidade mental.

Assim pensamos que se há tudo "do bom e do melhor" ao alcance rápido e simples para manter o status quo, por que então nos esforçarmos para alterar esse estado de "bem-estar", se na realidade já não lutamos pela sobrevivência?

Nesse caso, um dos melhores tratamentos para essa aberração que nos assola nos dias de hoje é bastante simples: mexer-se!

Já não podemos negar o óbvio de que o exercício físico é o melhor caminho e de que a corrida é uma das melhores formas de ir por esse sendeiro.

Mas o grande e real problema é a motivação para encarar o desafio de nossos ancestrais, o desafio de correr.

Sabe-se que nossos ancestrais caçadores-coletores corriam para caçar ou para evitar serem caçados.

Hoje, afortunadamente ou desafortunadamente, levantamos, calçamos os sapatos, pegamos o carro e compramos o pão e tudo o que precisamos para nos alimentar nas estantes do supermercado... às vezes me vem à cabeça de "como as coisas boas também se tornam doentias pelo excesso" (HIPÓCRATES, 2011, p. 33).

E o pior de tudo: compramos uma bandeja de comida pré-cozida e em 5 minutos temos nosso jantar feito no micro-ondas; isso quando não a compramos pronta e comemos em menos de 15 minutos para voltar ao ritmo frenético de trabalho e, quase sempre, sentados. O que antes se gastava de calorias durante a caça e a coleta, hoje praticamente inexiste. Assim, temos que procurar alternativas para seguir gastando essas energias acumuladas ou seremos a caça de nossa própria inatividade.

Termino esse capítulo como iniciei, citando David Servan-Schreiber (2011):

> Recentes descobertas "apoiam a ideia de que os 'genes do câncer' podem não ser tão perigosos se não forem desencadeados por estilos de vida não saudáveis [...] Na verdade, eles podem apenas ser genes que responderam mal à transição das nossas formas ancestrais de nutrição, que eram perfeitamente adaptadas aos nossos organismos, para a dieta moderna industrializada e processada [...] e o mesmo pode ser verdade para outras escolhas de estilo de vida além da dieta, como exercício físico e controle de estresse. (SERVAN-SCHREIBER, 2011, p. 38).

DESAFIOS

> *É muito fácil encontrar desculpas para não fazer as coisas. Achar motivos para deixar para amanhã ou deixá-las como estão. É fácil cruzar os braços e ficar esperando soluções de algum lugar fora daqui.* (KLINK, 2016, p. 18).

Para muitas pessoas, correr é dar sentido à vida; procurar desafios usando a corrida como ferramenta para poder cumprir esse propósito. O ser humano é insatisfeito por excelência; ele cria um desafio e, quando o termina, logo pensa em outro. Então, devemos explorar essas inquietações e propor que as pessoas corram, e orientar como fazê-lo.

Octavio Pérez explicita o seguinte:

> Se a cada dia nos planteamos desafios mais complicados, e somos viciados a explorar nossos limites, o mais prudente, dentro desta apaixonante insensatez, é que cada vez estejamos melhor preparados física, mental e inclusive emocionalmente. (PÉREZ, 2014, p. 18, tradução própria).

Ao nos desafiarmos, temos que saber que iniciamos com essa "apaixonante insensatez", como disse Octávio Pérez, mas que terminaremos com um "amor sensato" pelas longas distâncias; e isso é a magia que traz o exercício físico em ambientes naturais.

"Por que fazemos o que fazemos?: aflições vitais sobre trabalho, carreira e realização" é um livro de Mario Sérgio Cortella, publicado pela editora Planeta em 2016. Nele, Cortella diz:

> Uma vida pequena é aquela que nega a vibração da própria existência. O que é uma vida banal, uma vida venal? É quando se vive de maneira automática, robótica, sem uma reflexão sobre o fato de existirmos e sem consciência das razões pelas quais fazemos o que fazemos [...] Uma vida com propósito é aquela em que sou autor da minha própria vida. Eu não sou alguém que vou vivendo [...] Não ter desafios é um fator de risco para a motivação. (CORTELLA, 2016, p. 11, 46 e 129).

Quando Cortella fala sobre motivação, é muito interessante a forma utilizada pelo escritor para tentar esclarecer a relação entre motivação e estímulo, que é a seguinte: "a motivação é o estímulo interno, enquanto o estímulo é a motivação externa, mas são duas coisas distintas. A diferença é de onde partem, mas ambas têm a mesma intenção" (CORTELLA, 2016, p. 62).

O primeiro dia de janeiro de 1914 marcou a história, quando o The Times, jornal de Londres, publicou esse anúncio de Ernest Henry Shackleton:

> Procuram-se homens para uma viagem perigosa. Salário baixo. Frio extremo. Longos meses de absoluta escuridão. Perigo constante. Não há garantia de voltar com vida. Honra e reconhecimento no caso de êxito. (SHACKLETON, 2014, p. 31, tradução própria).

A intenção de Shackleton era recrutar trabalhadores para a expedição do Endurance ao Polo Sul; mas, lendo esse chamado, qualquer um pensaria que ninguém ou quase ninguém se apresentaria à dita oferta de trabalho. Pois o resultado foi surpreendente, tendo sido recebidas cerca de 5 mil solicitações! E ele disse:

> O primeiro resultado foi uma avalanche de solicitações de todas as classes sociais da comunidade para somar-se à aventura. Recebi cerca de cinco mil solicitações e, destas, elegeram-se cinquenta e seis homens. (SHACKLETON, 2014, p. 31, tradução própria).

Qual foi a motivação dessas 5 mil pessoas ante esse estímulo tão forte do anúncio?

Após eleger a equipe, uma parte desses 56 homens foi para um barco de apoio e 28 homens, incluindo Shackleton, para o Endurance. Porém, depois do fracasso e dos inúmeros perigos que passaram naquela expedição do Endurance ao Polo Sul, e de regressarem todos vivos à Inglaterra, Shackleton, com seu espírito de liderança, seguiria fazendo história ao dizer: "os homens não se fazem a partir de vitórias fáceis, senão à base de grandes derrotas" (FRAUZINO, 2019).

Em outro livro, titulado "Qual é a tua obra?: inquietações propositivas sobre gestão, liderança e ética" publicado pela editora Vozes, em 2015, Cortella diz: "temos carência profunda e necessidade urgente de a vida ser muito mais a realização de uma obra do que de um fardo que se carrega no dia a dia" (CORTELLA, 2015, p. 16).

Quem sabe Cortella encontrara aqui a resposta para aqueles 5 mil homens que procuraram Shackleton!

Temos a sensação de que esse dia a dia tem bem menos que 24 horas. E se oferecermos um dia com uma hora a mais, hoje, muitos não saberiam o que responder. Eu já recebi respostas como esta na minha consulta: "isso é essencial, porque eu poderia trabalhar um pouco mais com essa hora extra".

Eu pergunto: *Um pouco mais...?*

Um pouco mais! Chega a ser assustador pensar dessa forma.

Andamos tão atormentados, atropelados pelos afazeres diários, que nos esquecemos da nossa saúde, do nosso bem-estar, de nos alimentar e nos exercitar devidamente, e isso, sim, é essencial!

Nesse caso, não poderia deixar de citar mais uma vez Cortella, quando ele afirma: "Essencial é tudo aquilo que você não pode deixar de ter. Fundamental é tudo aquilo que o ajuda a chegar ao essencial... é o que lhe permite conquistar algo" (CORTELLA, 2015, p. 63-4).

Por exemplo, correr não é essencial, mas é fundamental. Você corre não somente por correr; você corre porque lhe permite atingir a amizade, a felicidade a solidariedade, e para alguns até mesmo o reconhecimento social. Para outros, a sua ocupação, o seu trabalho e meio de vida que são essenciais.

Posso dizer que sempre me desafio a cada dia que saio para correr, e retorno à casa uma outra pessoa, um outro homem.

Porém, se decidirmos que nosso desafio será correr, como, por exemplo, uma maratona, uma ultramaratona ou travessias de dias e noites pela natureza, temos que ter bem claro quem somos e onde estamos, mesmo que tenhamos dúvidas do porquê da nossa existência, porque senão estaremos nos metendo em uma grande enrascada.

Nossos ancestrais corriam na luta pela caça e também lutavam correndo para não serem a caça. Na sua evolução, passou-se a caminhar e correr por outros objetivos, como nas guerras ou fugindo delas. Porém, em tempos de paz a luta é outra; às vezes sonhamos com "conquistar" uma montanha, conquistar o reconhecimento social, prevenir ou tratar uma doença e, para tal, propomo-nos a treinar arduamente, e a passar horas e horas para terminar, por exemplo, um grande desafio como a maratona.

> As maratonas atraem indivíduos obstinados que encontram graça em criar desafios. É lógico que o preparo físico adquirido, os benefícios à saúde, a admiração que causa no imaginário alheio a capacidade de correr tanto, servem de estímulo, mas constituem motivações secundárias. Acima de tudo o desejo de demonstrarmos a nós mesmos que temos força de vontade, disciplina e destemor para enfrentar o desânimo e as dores que surgirão no percurso até a linha de chegada, aprendizado que nos tornará mais resistentes às intempéries impostas pelo destino. (VARELLA, 2015, p. 90).

Com relação aos benefícios pessoais ao correr e treinar para uma maratona, Varella diz:

> O ganho mais surpreendente, porém, veio do lado psicológico. A sensação de paz que se instala no fim das corridas deixava rastros pelo resto do dia [...] Consegui controlar a ansiedade e a agitação da vida atribulada que sempre levei, tornei-me mais confiante e disciplinado. Ganhei serenidade. (VARELLA, 2015, p. 21).

Está claro que correr melhora não somente a nossa condição física, mas também a mental e social. Se temos que enfrentar o dia a dia de trabalho e ao mesmo tempo nos dedicar a correr por correr, porque sabemos que estaremos melhor, então eu pergunto: "Por que não correr?".

> Quando corro digo a mim mesmo para pensar em um rio. E nuvens. Mas em essência não estou pensando em uma coisa. Tudo que faço é continuar correndo em meu próprio vácuo aconchegante, caseiro, meu silêncio nostálgico. E isso é uma coisa maravilhosa. Digam as pessoas o que disserem. (MURAKAMI, 2010, p. 26).

Para Emil Zátopek, correr seria fazer uma milha, mas a maratona seria experimentar uma outra vida.

Aqui não induzirei aqueles que nos procuram por orientações a fazerem como Filípides, nem a acabarem como Filípides, quando nos referimos à maratona.

Filípides era um cidadão ateniense e trabalhava como correio. Os correios podiam fazer longas marchas durante um dia inteiro para entregar uma mensagem. Heródoto menciona que Filípides chegou a Esparta um dia depois de sair de Atenas, a 240 km de distância. Filípides apresentou-se perante os governantes lacedemónios e entregou-lhes o pedido de ajuda dos atenienses. Os governantes lacedemónios responderam que aquele era o nono dia do mês lunar e que teriam que esperar até a lua cheia do 15º dia para que o exército pudesse partir [...] Filípides regressou a Atenas a correr com a resposta de Esparta. Ao chegar, disse que tinha encontrado com o Deus Pã enquanto atravessava o monte Parténio por cima de Tegeia. Pã gritou o seu nome e pediu-lhe que fizesse chegar as seguintes palavras aos atenienses: "Por que é que não prestaram atenção a Pã, bom amigo do povo de Atenas, que os ajudou no passado e voltará a fazê-lo no futuro?" (SEKUNDA, 2010, p. 35-41).

Essas alucinações visuais e auditivas de Filípides, ao ver o Deus Pã, seriam mesmo devidas ao esgotamento físico?
Seriam causadas por um processo de desidratação?
Ou devido a uma hipoxemia (baixas concentrações de oxigênio sanguíneo) ao passar pela altitude do monte Partênio por cima de Tegeia?
Ou a uma grande necessidade psicológica decorrente da importância da sua mensagem?

O interessante do caso Filípides é que quando chegou para dar a notícia aos atenienses, há relatos de um mal súbito que o levou à morte. O bom seria termos o vigor e a perseverança, mas não acabarmos como Filípides, morrendo após um esforço!

Pensemos pelo lado bom e faremos como Filípides, mas não acabaremos como ele.

Mas o que passaria na sua cabeça durante essa longa jornada?

PERCEPÇÕES

> *Não temos razão para supor que a mente humana possa decifrar a essência da realidade; precisamos aprender a viver com o mistério, com o fato de que não podemos chegar ao fim do conhecimento.* (GLEISER, 2019, p. 32).

Nosso cérebro sempre procura uma forma de nos proteger; a meta é a sobrevivência.

Nesse caso, estar diante do Deus Pã seria uma confabulação cerebral?

O neurologista Oliver Sacks, quando entrevistado por Eduard Punset pela TVE-2 em 2005, disse:

> Nosso cérebro nos engana quando relembramos e quando pensamos em nós mesmos, quando sonhamos e quando percebemos a realidade que nos rodeia. Nosso cérebro finge, adultera, falsifica, mas tem boas razões para fazê-lo. Nosso cérebro é um dispositivo fruto da seleção natural e está dedicado a um serviço de um organismo vivo (nós). E qual é a meta de todo organismo vivo? A sobrevivência. Nosso cérebro procura nossa sobrevivência a todo custo e às vezes para consegui-lo é capaz de suprir a informação que lhe falta por fantasia ou confabulações; o importante é que a informação não nos falte, ainda que parte dela não seja exata, o importante é que a realidade se nos apresenta com um

sentido completo e coerente que acreditamos que todos nossos comportamentos estão sob nosso controle, que nossa memória pareça um reflexo do ocorrido para nosso cérebro. O mais importante é que contamos uma história consistente, que contamos uma história verdadeira. O mundo real é menos importante que o mundo que necessitamos. Os objetos que vemos, escutamos e tocamos podem ser reais, mas o que experimentamos como realidade é uma ilusão construída em nosso cérebro. Nossa memória não é de confiar, não funciona como uma câmera fotográfica, nem muito menos como disco rígido de um computador. Umas vezes para conseguir umas lembranças coerentes o cérebro preenche os espaços de uma memória com conteúdos imaginados e irreais, outras vezes armazenamos informações de forma inconsciente, informação que ao sair à superfície parece algo maravilhoso e sobrenatural, a atitude, a emoção, a imaginação e o vivido, tudo inclui em nossas lembranças. O certo é que vivemos em um mundo construído por nosso cérebro e, por nosso bem, umas vezes nos mostra coisas que não estão e outras nos esconde coisas que sim, estão. (SACKS, 2005, entrevista, tradução própria).

Tenho vários relatos de pessoas que me procuraram e que falam sobre sua evolução antes, durante e depois de conquistarem seus desafios, correndo desde seus primeiros quilômetros até a mítica maratona; para algumas até mesmo ultramaratonas. Mais emocionantes ainda quando têm sobrepeso ou são obesos, diabéticos, dislipidêmicos, hipertensos ou o conjunto de todas essas entidades... e conseguiram se superar.

> Existe algo muito universal nessa sensação, no modo como o ato de correr combina dois de nossos impulsos primais: sentir medo e sentir prazer. Corremos quando estamos assustados, quando estamos em êxtase, quando queremos fugir dos problemas e para curtir momentos de felicidade [...] Pode ser tudo uma coincidência, mas pode ser que exista algo na psiquê humana, uma reação instintiva que ativa nossa primeira e maior arma de sobrevivência sem que nos sintamos ameaçados. (MCDOUGALL, 2010, p. 20-1).

Quero ressaltar uma verdade: correr é o melhor exercício que o ser humano pode vir a realizar para se manter ativo, prevenir e tratar certas patologias, desde que não haja contraindicação. Não precisa correr uma maratona, mas desde logo deverá correr consideráveis distâncias. Quem sabe voltar a atuar, em certa medida, como nossos ancestrais caçadores-coletores, tanto no movimento quanto no alimento, afinal não somente a saúde do corpo dependerá desse binômio, mas também a mental, espiritual e social.

Eu digo que: "Nem tudo que é moderno é bom! Nem tudo que é bom é saudável!".

Não quero dizer que devamos negar os benefícios que conquistamos com a ciência ou certos confortos de que desfrutamos, mas sim que devemos negar os problemas gerados dessa modernização que está diante de nossos olhos e que nos leva a padecer enfermidades e, em certo grau, até mesmo um envelhecimento precoce.

Em uma carta-relato que recebi de Marivaldo Frauzino da Cruz (Goiânia, GO, Brasil, 2016), advogado aposentado, de 75 anos, ele me disse:

> Decidi correr após trinta e dois anos de inatividade, ao completar setenta anos de idade, porque senti a necessidade de retornar aos tempos de infância. Os primeiros passos foram com umas botas de saltar, e de forma progressiva cheguei a correr todos os dias dez quilômetros. Esta atividade mudou e muito minha perspectiva de vida. Sentia animação para tudo, queria fazer de tudo. As atividades diárias eram feitas com muito prazer, sem descuidar da alimentação e do descanso, imprescindíveis a um bom desempenho. Ingressei numa equipe de treinamentos. Comecei a participar de corridas oficiais de dez quilômetros e meia maratona, aumentando sensivelmente o convívio social com os demais atletas. Antes era um indivíduo muito fechado, sistemático como diziam. Tornei-me mais aberto, alegre, disposto a ajudar mais a quem necessitasse e, com muita saúde [...] Nos primeiros dois quilômetros de corrida, surgia o desejo de parar, eram os mais difíceis [...] Mas, logo após, adotado o ritmo de corrida até o final, era tudo prazer e alegria, que somente se esgotava ao cruzar a linha de chegada e, quando dizia para mim mesmo: *consegui mais uma*! Tenho indicado a prática do exercício físico que faço a muitas pessoas e presenciado que muitos adotam o que foi indicado, pois se miram na minha pessoa, considerando-me

um atleta cujo exemplo merece ser seguido que, mesmo com as limitações da idade, aos 75 anos, com bicos de papagaio, hérnia de disco, artrose e a extração de um rim em 2003, consequência de um câncer, não me intimida de competir com os demais atletas. (DA CRUZ, 2016).

Quando posso, procuro essa pessoa para poder correr e desfrutar de bons momentos ao seu lado e de compartilhar experiências. Ele é meu pai!

Em julho de 2015 aconteceu algo inesperado: pela primeira vez pude correr com ele em uma corrida de rua de dez quilômetros; o inesperado não foi corrermos juntos, mas o seu tempo de 55 minutos, uma marca expressiva para uma pessoa com a sua idade e seus antecedentes patológicos.

Para mim, correr dez quilômetros em uma hora significa saúde, mas para chegar a esse nível é preciso disciplina, e nisso meu pai é experto. Seu próximo desafio: fazer uma maratona!

Sair para correr com meu pai, para mim, é um orgulho. Sei das limitações que o processo do envelhecimento avassalador impõe ao ser humano, além da forma de vida que levava antes do câncer, mas nunca é tarde demais para um novo começo.

> O corpo humano é uma máquina construída para o movimento [...] se aprimora com a movimentação, tenha um ou noventa anos de idade. Correr é experimentar a liberdade suprema, é voltar aos tempos de criança [...] Envelhecimento, porém, não é sinônimo

de limitações, decadência física, solidão e enfermidade crônica [...] Jamais considero o número de anos que juntei, porque a questão de idade vem contaminada por preconceitos arcaicos [...] Quanto mais velho fico, mais prazer encontro em correr [...] Não me iludo, sei que a natureza é impiedosa e que a mais indesejável das criaturas passa os dias à espreita, mas, enquanto não bate à porta, tenho pressa para ir atrás dos sonhos que ainda não realizei e para correr pelas ruas enquanto as pernas resistirem. (VARELLA, 2015, p. 202-6).

A percepção do corpo como uma máquina, dita por Varella (2015), também foi expressa anteriormente por Dennis M. Bramble: "somos uma máquina feita para correr, e uma máquina que não se desgasta" (BRAMBLE, 2004).

Mas, então, por que nós, médicos, não prescrevemos a corrida se estamos feitos para correr?

Emocionei-me quando recebi a seguinte mensagem:

> É com muito orgulho que venho contar brevemente sobre a importância de uma atividade física. Me chamo Patrícia Aguiar Lopes, tenho 37 anos e nunca realizei nenhuma atividade física, nunca gostei de praticar esportes, nunca tive interesse por qualquer prática física [...] desde março de 2017 o Dr. Fabrício Frauzino vem trabalhando com a equipe sobre a importância da alimentação, da prática de exercícios físicos e dos

hábitos de vida com qualidade. Portanto após várias consultas, conversas, diálogos, comecei a me interessar pelo assunto [...] Então nesse último mês do ano, a equipe que trabalho me ajudou muito em poder dar esse primeiro passo para 2018. Foi a partir daí que comecei a querer mudar de status, a sair do meu comodismo e buscar essa qualidade de vida. Meu filho de 11 anos sempre pedia minha companhia para poder realizar atividade física e em nenhum momento sentia essa vontade, até que no dia 16/12/2017 eu busquei começar 2018, com o primeiro passo: *desejo de realizar uma atividade física*. Foi quando a nossa equipe de trabalho promoveu o Dia da Saúde no Parque Cesamar em Palmas (TO) e fui com o meu filho. Não tinha sequer uma roupa para atividade física, quando fui surpreendida no dia anterior com o presente de uma amiga de trabalho: Tatiane Ruas, com todos os pertences que necessitaria para poder dar o primeiro passo para uma atividade física. Então fomos para o parque e por incrível que pareça consegui fazer 6 km de caminhada e trilhas. Fiquei sem acreditar, mas ao mesmo tempo muito feliz em saber que consegui superar esse obstáculo. Saí do local, pensando toda hora: *como consegui fazer os 6 km?* Se eu nunca consegui dar uma volta na praça da minha quadra! Então quero agradecer a acolhida de todos os funcionários da nossa equipe por todo cuidado, carinho e por me incentivar todos os dias. Pela paciência de sempre e por me mostrar que é possível querer mais da vida, que é tão bom revigorar a saúde. Que eu não perca a fé, foco e determinação. (LOPES, 2017).

Um ano antes de eu receber esse relato da Patrícia, recebi um e-mail de um amigo de Barcelona, Manuel Méndez, que após terminarmos a maratona de Girona, em 2013, me relatou:

> Depois de me casar com 33 anos, e chegar à crise dos 40, voltei a sair em bicicleta e comecei a correr a pé, porque comprovei que não podia correr nem duzentos metros para pegar o trem e me assustei [...] e despois de acabar várias meias maratonas, vi a possibilidade de poder acabar por fim uma maratona. Depois de um período de adaptação de uns dois anos, por fim, em fevereiro de 2013, junto aos meus companheiros da Universidade de Barcelona, pude com 47 anos acabar minha primeira maratona nas Vias Verdes de Girona e fechar o círculo que iniciei com 13 anos. Na atualidade, tenho 50 anos e combino cicloturismo, sem conta-milhas nem planificação, com alguma corrida a pé na montanha sem Stravas, nem frequencímetros [...] pelo simples prazer de correr e acabar algum desafio[...] Algum dia treinando me sentia vazio mas fazer uma meia maratona em um dia entre semana depois de trabalhar me recompensava. O dia que fizemos 29 km no rio com Noemie, cheguei realmente esgotado. Realmente vi progressivamente que poderia acabar uma maratona mas nunca tinha passado de 30 km e é uma coisa que me passou três vezes [...] Quando passo de 30 km na estrada ou três horas na montanha, as percepções são extremas. Uma borda parece um muro e uma subida parece uma Montanha [...] tudo se magnifica e você se

sente pequeno e sem reflexos. Como corro lento, sempre encontro-me com demasiadas horas de exercício [...] e como treino pouco, sei que o dia da Corrida terei que fazer um sobre-esforço [...] na bicicleta, quando tenho crises, me convence pensar que é a última corrida da minha vida e... funciona. (MÉNDEZ, 2016).

Uma visão que considero igualmente interessante é a de Xari Adrián Caro, campeã espanhola de ultra-trail em 2013, quando descreveu o seguinte:

> Correr!! Não é somente correr: não é ganhar-lhes a todos, é ganhar-se a si mesmo [...] Não é ser o primeiro ou o último, é sair decidido a dar-lhe tudo [...] Não é para impressionar, é para demonstrar os limites do coração humano [...] Me encanta estar na montanha porque me escuta, me compreende, quase sempre me dá a razão, sente meu corpo, minhas raivas, minhas vitórias, minhas derrotas, me diz que siga adiante e que não olhe para trás, que não desista e que cumpra meus objetivos, minhas metas; corro por ela e é tudo tão pequeno a seu lado que me oprime; é sábia e perigosa [...] seca minhas lágrimas quando estou mal e desfruta comigo quando estou bem. Ela lhe põe todo o risco, os limites e só pode superá-los você [...] (*apud* PÉREZ, 2014, p. 13, tradução própria).

Nesse fragmento do prólogo do livro de Octavio Pérez (2014), Xari Adrián Caro deixa muito claro o sentimento de desafio que é correr na montanha e seu afeto e contemplação pela natureza.

CONTEMPLAR

> *A natureza inteira está repleta de milagres: chuvas, trovões, arco-íris, maremotos... mas, como são frequentes, passamos a considerá-los como fenômenos naturais normais, enquanto algo que raramente acontece chamamos de milagre.* (SCHMIDT, 2016, p. 19).

Correr, caminhar e parar para contemplar a natureza faz parte desse movimento que vem crescendo a cada dia no âmbito das atividades no meio natural. Praticar algo que sabemos que faz bem para nossa saúde e que seja realizado em ambientes tão magníficos como ilhas, desertos, montanhas... é entrar em contato com nossas origens, é participar e sentir nosso processo evolutivo; e com isso, se colocado em uma balança, o desequilíbrio das bandejas pesará em favor dos benefícios e contra os malefícios.

Mas o pior, ao saber disso, é que não entendo como há pessoas que ainda se dedicam a não dedicar parte de seu tempo a pelo menos tentar provar esse sentimento.

Engenheiro civil e ultramaratonista, João Batista Borges – Seu João, como é conhecido desde 2013 – se considera "corredor do El Cruce Columbia". Amigo e parceiro de horas de treinos nas trilhas e estradões, além da boa prosa nessas jornadas, ele descreve:

El Cruce de 2013 – Após uma enorme descida, surge um lago muito bonito. Neste instante eu estava sozinho e aqui, nessa solidão, com saudade da família e de tudo que ela representa para mim, pensando no que este desafio apresenta de grandioso, pensando em todos os dias de treinamento, a minha boca entortou e o pranto veio [...].

El Cruce de 2015 – A mente sempre fala mais alto. No fim do primeiro dia, penso: *será que corro amanhã (estou como um robô), com câimbras*. Dormimos e, durante a noite, o milagre acontece, pois pela manhã, já estou pronto de novo. Com dores, claro, mas suportáveis.

No fim do segundo dia, repete-se a robotização, mas as câimbras não estão presentes. Chega à noite, dormimos e, no outro dia, a cabeça diz: *estou inteiro!...*

Quem quiser participar de um El Cruce, reflita: El Cruce é disciplina, determinação, família e um pouco de loucura. (BORGES, 2016).

É notório que os longos períodos de treinamento e de solidão nos deixam mais sensíveis; a dureza enfrentada para realizar esses desafios nos caleja a parte física, mental e espiritual, mas nos traz a consciência de que somos humanos, de que sabemos quem somos e onde estamos e devemos estar preparados porque sempre haverá um momento em que o pranto pela dor, seja ela do corpo ou da alma, será derramado.

Seu João, aos seus 58 anos de idade, expressa esses momentos com tal naturalidade que qualquer um que o conheça fica fascinado e desejando também entrar nesse mundo com "um pouco de loucura"!

Não posso deixar de dizer que com Seu João eu fiz uma travessia de 256 quilômetros desde o Parque Estadual do Cantão, em Caseara (TO), até a capital Palmas no ano de 2016; e outra em 2017, de 260 quilômetros, desde Palmas até o município de São Félix do Tocantins (TO) nos limites do Parque Estadual do Jalapão, essa última com outro amigo em comum, Marcelo Machado, e os apoiadores Luciano na primeira, Gilmar S. Ferreira (Pimenta) e Scyla Fortaleza Barreiros Frauzino na segunda. A combinação dessas travessias foi resultado de um projeto de 2014 chamado Desafio dos Parques, que conectava os três parques estaduais do Tocantins: Parque Estadual do Cantão (PEC), no oeste, passando pelo Parque Estadual do Lajeado (PEL) e finalizando no leste no Parque Estadual do Jalapão (PEJ), com o objetivo de promover e divulgar as atividades nesses parques de forma sustentável.

Um ano após me mudar para Palmas (TO), em 2014, conheci uma das pessoas mais interessantes desse cerrado. Um paulista amante do esporte, com quem coincidi no Triathlon Pan-americano de Longa Distância em Santos (SP, Brasil) em 1995. Ele como juiz de prova e eu sofrendo na mesma! Mas não nos cruzamos naquele dia, somente quase 20 anos depois, nadando numa piscina, onde pudemos trocar lembranças mais que nostálgicas que acabaram por gerar essa amizade. Um empresário dedicado em tudo que faz e canalizador de boas ações, Ricardo Pimentel Garcia foi o fundador da Federação Tocantinense de Triathlon e um fomentador desse esporte no Tocantins, hoje um grande celeiro para essa modalidade.

Após passar por uma prostatectomia em 2018, devido a um câncer, recentemente ele me enviou seu relato:

> Uma das experiências marcantes na minha vida foi o projeto de fazer uma prova de *endurance* para comemorar meus 50 anos. No esporte desde os 7 anos de idade, mas afastado há quase 15 anos de treinos e competições em função de outras prioridades na minha vida, voltei aos treinos e provas locais aos 46. Tudo planejado, dei início à execução. A prova alvo foi o Ironman 70.3 Miami em 2014, com mais de 3.300 atletas inscritos de várias partes do mundo. Porém foi um ano dos mais difíceis, em vários aspectos. Perdi meus pais num intervalo de 20 dias, o que me abalou muito! Estava em meio de um grande empreendimento colocando todas as minhas fichas e mesmo assim seguindo a planilha de treinos, reeducação alimentar, preparação física e mental. Chegou o momento! Logística de viagem internacional, sem treinar natação no mar e lá estava fazendo meu *check--in* da prova. No dia anterior muita chuva, vento forte, condições bem desfavoráveis perto do que tinha treinado. Na madrugada seguinte estava alinhado na *wave* 13 esperando autorização para pular na água. A partir da largada entrei "numa outra dimensão!"... Tudo parecia fazer parte de um roteiro e registrei cada momento, consegui "desligar" o lado crítico, julgador, medroso e apenas fui. Se pedissem para descrever essa sensação seria como estar com a consciência além dos cinco sentidos, onde presente e passado são uma coisa só no agora, livre de julgamentos e por um instante estar em contato

com (ou ser) uma energia renovadora que sempre esteve junto comigo mas que quase só consigo ter acesso a esse portal em momentos proporcionados na minha entrega ao prazer de uma atividade física de longa duração. (GARCIA, 2019).

No ano de 2015, em um encontro na lanchonete Pali Palam no centro de Palmas (TO), para realizar inscrições e receber informações de uma corrida na trilha, que eu faria em dupla com minha esposa, uma amiga me apresentou uma pessoa jovial, alta, magra, perfil de corredor de maratona, sorriso contagiante e um sotaque "dos Pampas"!

Aquela pessoa correu sozinha e por pouco não ganhou a prova! Seu nome é Adriano Chiarani da Silva, pastor luterano e reitor do Centro Universitário Luterano de Palmas (CEULP/ULBRA), que havia se mudando recentemente para Palmas com a esposa, duas filhas e um cachorro... o peludo Kikis, um *yorkshire* de 12 anos de idade!

Depois daquele evento, foi gerada uma amizade incondicional com toda a família, e nossas corridas nas trilhas ganharam força, volume e descontração. Uma delas foi o Desafio dos Fortes em 2016, que consistia em um percurso de 16 quilômetros na Ponte JK de Palmas (TO). No dia anterior tínhamos feito 6 horas de trote na Serra do Lajeado, 54 quilômetros de muita filosofia! No dia do desafio, Adriano me perguntava como faríamos aquela prova, com as pernas duras como tínhamos, e lembro que lhe disse: "sairemos tranquilos na 'zona Zen'... vamos desfrutar!".

O pastor, com suas pernas imensas e passadas escandalosas, teve que se conter e acompanhar meu ritmo de cabrito dos montes em cima daquele asfalto quente, plano e sem nenhuma sombra daquela ponte infernal. Aquela corrida de contenção demorou somente a metade da prova porque, quando viramos os oito quilômetros, vimos que o ritmo crescente era tão forte que deixamos fluir; as pernas estavam soltas e leves, e pouco a pouco fomos passando atletas. O mais interessante foi que éramos capazes de conversar e decidir a cada quilômetro o que fazer no próximo, até que a três quilômetros do final, decidimos que era hora de Adriano correr: ele intensificou o ritmo e finalizou entre os dez primeiros da geral.

Aquela foi uma das melhores corridas que fizemos juntos. O compromisso, a dedicação, juntamente ao esforço e a superação da ultramaratona do dia anterior, nos solidificaram e, desde então, com um simples olhar, parece que sabíamos o que o outro pensava. Isso é o que esse esporte nos traz de mais relevante, a amizade!

Eu não poderia deixar de expor seu relato, aqui, sobre a corrida, que ele mesmo chamou de "Um longa-metragem chamado 'trail running'".

Um longa-metragem chamado "trail running". Escrever sobre corrida é apertar um *play* de um longa-metragem na minha existência. Como os rios correm para o mar, a minha vida flui para corrida. Embora o ato de correr tenha ocorrido após os primeiros passos na infância, a paixão por correr foi despertada na adolescência, mais precisamente nos jogos escolares. Foram cinco anos de treinos, competições, vitórias e derrotas, mas uma verdadeira escola sem paredes de aprendizagem para vida.

Esse contexto em minha vida entrou em *pause*. O longa-metragem pausou por 13 anos consecutivos. Parei de correr. Com a ausência mergulhei no stress e o sedentarismo tomou conta da minha existência. Após vagar de médico em médico, num momento de angústia, eis que um profissional da medicina diz: "vamos resgatar na sua vida "longa-metragem" a arte de correr. Gradualmente fui recuperando a saúde, a forma física, evoluindo nos treinos, adquirindo confiança.

Em 2013 ocorreu uma grande mudança. Conheci o *trail running* e as provas de ultramaratona. A metamorfose aconteceu. No asfalto corremos, nas trilhas flutuamos no sobe e desce das montanhas. Assim como um gráfico cardíaco, o *trail* proporciona estímulos e sensações indescritíveis em contato único com a natureza.

Foram diversas provas realizadas em diferentes lugares do Brasil e do mundo. Oportunidades únicas no longa-metragem da minha vida, amizades criadas, mente e corpo em paz consigo e com o próximo. É complexo descrever tamanha sensação ao flutuar pelas trilhas. Às vezes os tropeços ocorrem, o desânimo bate à porta, mas o persistir nas trilhas nos leva para uma visão única e encantadora do topo da montanha.

Hum... Como é bom chegar ao cume e vislumbrar os contornos dos montes e o quanto se correu e caminhou para estar ali. Coração batendo forte, perna tremendo de fazer força, mas mente em paz e em sintonia com universo. Como não lembrar nesse momento de algumas imagens inesquecíveis: Morro do Limpão e base do Cristo em Palmas-TO; Pico dos três Estados em Passa Quatro – MG, Roque Nublo nas Ilhas Canárias e Montblanc em Chamonix – França.

Enfim, no longa-metragem da minha vida, o *trail* veio para ficar para sempre. Espero viver bons capítulos e vibrantes momentos nas trilhas que ainda percorrerei... Afinal vivemos desde o nosso nascer um verdadeiro correr rumo ao infinito. Como diz o autor bíblico Paulo, "A Fé é uma verdadeira corrida", onde a disciplina, persistência, a confiança e o amor são características primordiais. (DA SILVA, 2020).

Ao ler esses relatos e viver em primeira pessoa esses sentimentos, tenho que concordar com Scott Jurek (2013) quando disse "os ultracorredores treinam tão duro e distâncias tão longas e competem tão ferozmente que as amizades que se forjam entre eles são invulgarmente duradoras e tenazes. Do contrário, estou convencido de que ninguém poderia suportar a solidão." (JUREK; FRIEDMAN, 2013, p. 168, tradução própria).

São pensamentos transformadores e estimulantes, que consideram esse reconhecimento e incentivam a dar um passo à frente no ato de correr.

Mas no caso de uma pessoa com problemas de saúde como obesidade, diabetes, hipertensão arterial sistêmica que pretende correr para prevenir ou tratar seu problema, essa corrida seria durante quanto tempo?

Quantas vezes na semana?

Até quando deve correr?

E onde seria bom, ou terreno ideal para correr e ter saúde?

Indagações comuns no nosso cotidiano como médico de família e médico do exercício!

A melhor indicação da prática da corrida é em ambientes naturais, de preferência em parques em completo contato com a natureza. Como eu disse anteriormente, "Praticar algo que sabemos que faz bem para nossa saúde e que seja realizado em ambientes tão magníficos como florestas, trilhas, montanhas... é entrar em contato com nossas origens, é participar e sentir nosso processo evolutivo [...]".

Promover e facilitar a atividade física, assim como a prática de exercícios físicos orientados desde a infância, será a melhor forma de favorecer a manutenção da qualidade de vida para o futuro desses indivíduos, evitando que entrem no grupo epidêmico das doenças de desajuste e dos fatores de risco cardiovascular.

Para correr longas distâncias, uma pessoa deve estar muito bem preparada, porque aqui não se admitem negociações! Ainda mais se falamos de maratona e ultramaratonas, em que o plano para realizar esses desafios pode se tornar uma grande pedra no meio do caminho, onde caberá decidir entre ir ou desistir, e nesse sentido seria bom ser tão fluido como a água.

CAMINHAR E CORRER

> *Caminhando. Cada passo é cada passo. Diferentes solos, texturas, plantas, oceanos, praias, espaços, diferentes fragrâncias, odores, fedores, belezas e horrores. Diferentes estamos também nós, a cada momento. Fluindo, fluímos com o fluir da vida. No tempo, somos o tempo.* (HERRIGEL, 2010, p. 9).

Às vezes nos vêm algumas dúvidas:
O que seria melhor: caminhar ou correr?
Onde estará o limite entre ambas as formas, em questões de velocidade e equivalente metabólico (MET)?
Haveria algum lugar melhor para essa prática?

Antes de prescrever o exercício físico como tratamento não medicamentoso, devemos rever e ter claros alguns conceitos:

A condição física, ou forma física é o nível de energia e vitalidade que permite às pessoas desenvolverem suas tarefas diárias habituais, desfrutar de tempo livre ativo, enfrentar as emergências imprevistas sem fadiga excessiva, e que também ajuda a evitar doenças hipocinéticas (derivadas da inatividade física) e a desenvolver o máximo da capacidade intelectual, sempre experimentando plenamente da qualidade de viver. As capacidades físicas (ou qualidades físicas) são os diferentes componentes da condição física. Um modelo útil da sua sistematização consiste em dividi-las em: capacidades motoras ou básicas, capacidades coordenativas ou perceptivo-motoras e capacidades resultantes. A flexibilidade pode-se considerar como uma capacidade facilitadora de todas as outras capacidades. (VALLBONA *et al.*, 2007, p. 11, tradução própria).

Os profissionais da saúde devem estar capacitados para diferenciar atividade física, exercício físico e esporte; e essas diferenças já foram descritas no capítulo Alimento e Movimento.

Para que o exercício físico surta efeito, é necessário um estímulo mínimo; e para que esse estímulo seja efetivo, deve seguir um programa estruturado de treinamento com base nos quatro pilares da prescrição do exercício físico para a saúde: frequência do exercício físico; intensidade do exercício físico; tempo (duração) de exercício físico; e tipo (modo) de exercício físico; além de um quinto pilar, que seria a progressão.

Se uma pessoa decide correr, necessitará de uma prescrição por um profissional capacitado que possa indicar as corretas orientações e como proceder; sendo importante, nesse caso, passar por uma consulta médica antes de iniciar. Nessa consulta médica, deveremos seguir uma rotina na avaliação, que deve ser detalhada. No caso em que o objetivo seja a prescrição do exercício físico ou esporte, seguiremos algumas diretrizes, a exemplo, no Brasil, da avaliação clínica pré-participação (APP) segundo a Diretriz em Cardiologia do Esporte e do Exercício da

Sociedade Brasileira de Cardiologia e da Sociedade Brasileira de Medicina do Esporte de 2013.

A avaliação clínica pré-participação (APP) para atividades físico-esportivas deve ser entendida como uma avaliação médica sistemática, uniformizada, capaz de abranger a ampla população de esportistas e atletas antes de sua liberação para treinamento físico. Tem como proposta identificar, ou pelo menos aumentar, a suspeita de doenças cardiovasculares que sejam incompatíveis com a realização de atividades físicas visando a rendimento. O objetivo principal desta avaliação, realizada previamente ao início da atividade física e periodicamente com sua manutenção, é a prevenção do desenvolvimento de doenças do aparelho cardiovascular e da morte súbita por meio da proibição temporária ou definitiva da realização de atividades físicas ou do tratamento de condições que possam ser potencialmente fatais e desencadeadas pelo exercício físico. (GHORAYEB et al., 2013, p. 2).

Segundo essa diretriz, a APP é recomendada a todos os atletas profissionais, sendo indicada para uma correta prescrição de exercícios em esportistas não profissionais, mas que realizam atividades em alta intensidade.

Uma das grandes preocupações da comunidade científica na atualidade é a sua aplicabilidade, devido aos custos envolvidos nessa avaliação.

Tanto a Sociedade Brasileira de Cardiologia como a Sociedade Brasileira de Medicina do Exercício e do

Esporte recomendam que, para atletas profissionais, a APP deva ser associada a métodos complementares "considerando ser plenamente justificada sua indicação na tentativa de garantir a integridade do atleta e todo o custo envolvido na sua formação" (GHORAYEB *et al.*, 2013, p. 3), apesar da divergência encontrada entre os modelos das sociedades de cardiologia americana e europeia.

Para a realização da APP, o médico que avalia tomará a decisão mais oportuna, segundo seu bom-senso e sua experiência, sendo fundamental na escolha metodológica a ser usada.

Quando estou no consultório, pego-me pensando no meu olhar evolutivo. Às vezes paro para refletir sobre o "bom-senso e experiência" e lembro-me de uma frase, atribuída a Carl Sagan (1997), que ouvia de meus professores na residência médica: "os céticos têm razão ao ressaltar que a ausência de evidência não é sempre evidência de ausência".

Está demonstrado que correr é parte da prescrição do exercício físico aeróbio, devendo assim ser aplicado, desde que a pessoa aceite e goste dessa modalidade. Correr é uma atividade inerente à condição humana; não se precisa de lugares e instalações especiais nem aparelhos para poder se exercitar correndo. Por isso ela é tão democrática.

Não basta ter as informações, devemos adquirir conhecimento para logo poder aplicar na prática. Atualmente, dizer para as pessoas quais os medicamentos que devem ser tomados e como devem ser tomados faz parte do cotidiano do médico, mas quanto às recomendações da prescrição não medicamentosa, as explicações são vagas.

Não são dadas as corretas orientações para a mudança no estilo de vida, tais como alimentar corretamente e praticar exercícios físicos (FRAUZINO, 2017).

Quero deixar claro que caminhar não é o mesmo que correr. Pode surtir o mesmo efeito segundo o que se recomenda e como se recomenda. Caminhar no plano a quatro milhas por hora seria o equivalente a realizar cinco MET; e se realizar um trote ou correr em superfícies planas, também a quatro milhas por hora, poderia corresponder a seis MET; estando muito próximo a seis a sete quilômetros por hora, ficando no limite entre uma caminhada rápida a uma corrida lenta, conhecida como trote. MET vem das siglas em inglês para equivalente metabólico, que se explica:

> A quantidade de oxigênio consumida pelo corpo é diretamente proporcional à energia consumida durante a atividade física. Nesse sistema, assume-se que nosso corpo utiliza aproximadamente 3,5 mL de oxigênio por quilograma de peso corporal por minuto(3,5 mL/kg/min) quando em repouso [...] O sistema MET se baseia nesse valor, e a taxa metabólica em repouso de 3,5 mL/kg/min equivale a 1,0 MET. Todas as atividades podem ser classificadas por intensidade, de acordo com suas necessidades de oxigênio. (KENNEY; WILMORE; COSTILLL, 2013, p. 513).

De forma mais simples, um MET é a energia gasta por hora quando você fica sentado vendo televisão. Temos que recordar que a classificação das atividades em

MET são aproximadas e, segundo Kenney, isso é devido ao "erro potencial derivado do uso de 3,5 mL/kg/min como valor em repouso constante", da mesma forma que, como sabemos, a eficiência metabólica tem variações interpessoais e até mesmo intrapessoais. Além disso, relata esse mesmo autor que "o sistema de MET não leva em consideração as condições ambientais nem permite mudanças no condicionamento físico" (KENNEY; WILMORE; COSTILLL, 2013).

Diante disso, é essencialmente importante levar em consideração essas intensidades, seja em MET, pela frequência cardíaca de treinamento, em quilômetros por hora ou, melhor ainda, pela escala de percepção de esforço – como, por exemplo, a escala de Borg – quando indicamos caminhar ou correr, já que a intensidade é o pilar mais importante da prescrição do exercício físico.

A uma pessoa sem contraindicações para a corrida, esta deverá ser a sua indicação: a caminhada é prescrita nas duas primeiras semanas do início do programa de exercício aeróbico e, nesse período, se ela consegue realizar uma hora de exercício percorrendo em torno de cinco a seis quilômetros de distância, em intensidades que variam de leve a moderada, pode-se passar a realizar as atividades correndo. Lembro que, se for realizada em um circuito plano com as mesmas indicações de intensidade moderada, poderá realizar a sete quilômetro por hora; sendo desnecessário ou até mesmo contraproducente, nesse período, realizar somente a caminhada.

Dentro do princípio da progressão, a passagem da caminhada para a corrida deve ser quando ela alcançar esse nível de realização de esforço: sete quilômetros em uma hora. Se continuar com a progressão, o próximo objetivo seria de moderado a intenso ou vigoroso e poderia chegar a correr dez quilômetros em uma hora; sendo essa distância e tempo ideais para o adulto que visa à prevenção de doenças de desajuste, tratamento e manutenção do seu condicionamento físico e, com isso, manter as metas compartilhadas com o seu médico.

Por último, a corrida é uma ferramenta poderosa para a promoção da saúde na comunidade, principalmente em locais onde essa prática é pouco fomentada e onde a cultura hospitalocêntrica está enraizada. Em 2018, fomentamos o que eu chamaria de "O Rupestre Peripatético", em que fiz uma caminhada/corrida na trilha com educação em saúde sobre alimento e movimento aos nossos participantes, acompanhada de visita às pinturas rupestres de Palmas (Tocantins), com a intenção de correlacionar a atividade motora com a forma de se alimentar de nossos ancestrais. Realmente foi gratificante, pois tive o retorno de quase 60 pessoas, que me relataram a força desse tipo de atividade!

POR QUE CORRER COMO CORREMOS?

A viagem de mil milhas começa diante de seus pés. (LAO--TZU, 2006, p. 103).

Às vezes corremos sem um motivo ou razão aparente; simplesmente corremos. Outras vezes, corremos para melhorar nossa qualidade de vida, perder peso, encontrar amigos, com um foco claro para terminar uma maratona, entre outros; mas o fato é que saímos para correr por algo: mesmo que algumas pessoas em algum momento não saibam por que correm, elas um dia descobrirão!

E então nos perguntamos: "Por que correr como corremos?".

Para tentar explicar a essa pergunta, devemos entender o que eu chamaria de o "efeito da corrida sem sentido de Forrest Gump", embasado no filme com título, no Brasil, "Forrest Gump: O Contador de Histórias" de Robert Zemeckis (Paramount Pictures, EUA, 1994), adaptado do livro "Forrest Gump" de Winston Groom (1986), publicado no Brasil pela Aleph (2016). Ressalto que me embasei na versão cinematográfica, já que no livro esse trecho da aparente "corrida sem sentido de Forrest Gump" não existe.

Antes de descrever a analogia do efeito da corrida sem sentido de Forrest Gump, é importante conhecer os estágios motivacionais pelos quais o indivíduo transita. Segundo o modelo de Prochaska e Di Clemente (1982), nesse sentido entende-se a motivação como "um estado de prontidão ou vontade de mudar, que pode flutuar de um momento para outro e de uma situação para outra" (DIAS, 2017). O indivíduo passa por uma mudança comportamental, sendo um processo com vários níveis em que ele elabora uma estratégia para alcançar essa mudança, sendo esses níveis:

> **Pré-contemplação.** Não considera a possibilidade de mudar e nem mesmo se preocupa com o problema.
> **Contemplação.** Admite o problema, é ambivalente e considera adotar mudanças.
> **Preparação.** Dá passos para realizar algumas mudanças; planeja e cria condições para mudar.
> **Ação.** Implementa mudanças ambientais e comportamentais; investe tempo e energia na execução da mudança.
> **Manutenção.** É o processo de continuidade do trabalho iniciado com a ação, para manter os ganhos e prevenir a recaída.
> **Recaída.** Quando há uma falha na manutenção e retomada do hábito ou comportamento anterior (DIAS, 2017. Adaptado pelo autor).

O efeito da corrida sem sentido de Forrest Gump passa por quatro momentos semelhantes aos explicados anteriormente, para não chamar de critérios: momento de contemplação/preparação, quando Forrest encontra-se em "não ação", em silêncio, parado, normalmente após algum evento marcante em sua vida; momento de ação, quando ele simplesmente decide correr, sai para correr, mas sem uma razão clara; momento de elaboração do pensamento, em que ao longo da sua corrida ele estrutura seu pensamento; e, por último, o momento de finalização, quando durante a sua jornada de corrida aquele pensamento elaborado encontra a razão pela qual estava correndo, fechando assim o ciclo e finalizando aquela corrida.

Com a interpretação de Tom Hanks, no papel de Forrest Gump na versão cinematográfica (1994), Forrest encontra-se na varanda de sua casa passando pelo primeiro momento, o da contemplação/preparação, e logo parte para o segundo momento: a ação.

> E naquele dia sem nenhuma razão especial eu decidi fazer uma pequena corrida.
> E eu corri até o fim da estrada, e quando cheguei, pensei em correr até o fim da cidade. E quando cheguei lá, pensei em correr pelo condado de Greenbow, e pensei: "já que eu cheguei até aqui, vou correr pelo estado do Alabama".
> E foi o que eu fiz. Corri pelo estado do Alabama inteiro.
> Sem nenhuma razão especial eu continuava.
> E corri até chegar ao oceano. E quando cheguei lá, pensei: "já que cheguei até aqui, eu vou voltar e continuar correndo".

Quando cheguei no outro oceano, pensei: "já que cheguei até aqui, é melhor voltar e continuar correndo". Quando eu ficava cansado, eu dormia, quando eu tinha fome, eu comia, quando eu queria ir... bom, sabe... eu ia!

Eu pensava muito na minha mãe, no Bubba e no tenente Dan, mas eu pensava muito mais na Jenny... eu pensava muito nela! (ZEMECKIS, 1994).

Forrest continuava correndo e, ao mesmo tempo, uma multidão o acompanhava, e os jornalistas lhe perguntavam: "Por que está correndo? Está fazendo isso pela paz mundial? Pelos desabrigados? Está correndo pelos direitos da mulher ou pelo meio ambiente? Ou pelos animais? Por que está fazendo isso?" (ZEMECKIS, 1994).

Então, Forrest Gump contava: "Eles não podiam acreditar que alguém corresse tanto sem uma razão especial!". E a sua resposta aos jornalistas foi a seguinte: "Eu tive vontade de correr!" (ZEMECKIS, 1994).

Com aquele estilo de vida, Forrest pensava que por alguma razão o que ele fazia parecia fazer sentido para as pessoas. Para alguns, Forrest "é o cara que tem a vida em ordem, é alguém que sabe o que está fazendo, é alguém que tem a resposta".

Forrest passou a entender, a partir do que ouvia de algumas pessoas, que isso dava esperança a elas. Durante aquela jornada da "corrida sem sentido", ele passou a ver que sim, que essa corrida fazia sentido e tinha uma razão especial, mesmo que não fosse para ele, mas para outras pessoas; e nesse caso, então, há sentido, passando pelo terceiro momento, o da elaboração do pensamento.

Acompanhar pessoas como Forrest seria passar por uma jornada para encontrar uma resposta, talvez o autoconhecimento; muitos nem sabiam para qual pergunta, mas diante de uma vida "atropelada", "agoniada", talvez a pergunta seria: "Por que corremos como corremos?". Ou até mesmo "Por que fazemos o que fazemos?", citando um dos títulos de Mario Sergio Cortella (2016).

Um dos momentos marcantes da corrida de Forrest Gump é o da finalização, quando ele decide parar de correr. Para algumas pessoas, seria uma parada sem sentido...

Como assim?

Retorno a Forrest para esclarecer:

> Minha mãe sempre dizia que tem que pôr o passado para trás antes de continuar. E acho que foi por isso que corri tanto.
> Eu corri por três anos, dois meses, quatorze dias e seis horas! [...] E assim meus dias de corrida acabaram. (ZEMECKIS, 1994).

Isso é o que chamo de o efeito da corrida sem sentido de Forrest Gump ou da aparente corridinha sem sentido de Forrest Gump, que na realidade faz muito sentido; a pessoa passa pelo efeito de transformação, reconfiguração, uma mudança significativa e uma evolução do seu ser.

O ser humano só corre por dois motivos: caçar ou ser caçado. Caçar pode ser procurar persistentemente algo. Aqueles que hoje em dia saem a correr, sem uma razão, poderiam estar "caçando" uma resposta, no sentido mais coloquial. Ser caçado – para não dizer, ser perseguido por bandidos no nosso cotidiano de criminalidade –, poderia ser num treino, numa competição, pelos seus perseguidores. Na realidade, há várias analogias para os sentidos de caçar e ser caçado para ilustrar o movimento da corrida.

Quando se decide correr, devemos ter claros nossos antecedentes.

E faremos uma pergunta: "Temos ou não uma história de exercício físico?".

Ter a resposta para essa pergunta faz sentido na hora de programar suas corridas. Quero lembrar que Forrest Gump apresentava antecedentes, na infância e na adolescência, quanto ao hábito de correr. Na infância, ele só descobriu que gostava de correr quando teve que fugir, porque foi "caçado" pelos seus colegas de escola ao ser apedrejado quando retornava para casa com sua amiga Jenny, feito que aconteceu de forma semelhante em sua adolescência. Posteriormente, como guerrilheiro no Vietnã, sua corrida foi o diferencial no resgate de parte de seus colegas de combate.

Forrest não possuía somente antecedentes de ter praticado a corrida, como gostava de correr. Foi depois de eventos críticos na sua vida, como a saída do exército após ter combatido na Guerra do Vietnã, a perda de entes queridos como Bubba, o luto da perda de sua mãe e o abandono de Jenny que ele, num momento de contemplação e preparação, decidiu agir e fazer sua corrida de 3 anos, 2 meses, 14 dias e 6 horas!

Nisso, eu interpreto a vida como uma mola – ela é apertada até um certo ponto em que não poderá mais acumular tanta energia e precisará ser liberada. A "mola" de Forrest apertou tanto que ele parou, silenciou-se, contemplou, decidiu, agiu e correu. Uma decisão quase compulsiva, um ato reflexo, o primeiro instinto que lhe veio; quem sabe um dos mais primitivos.

Correr para fugir dos maus pensamentos?

Correr para caçar uma resposta?

Ou quem sabe, correr para descobrir qual seria seu destino?

Como ele mesmo disse no final: "[...] Para continuar, devemos deixar o passado para trás [...]" (ZEMECKIS, 1994).

Se você pensa em correr, entenda que sua história será fundamental para construir a sua obra. Se decidir correr, faça-o com cabeça e com orientação; e quando parar, saberá que outra corrida terá que fazer.

TRILHANDO CAMINHOS

> *Devíamos chegar em casa vindos de longe, de aventuras e perigos, de descobertas diárias, com um novo caráter e com novas experiências.* (THOREAU, 2016, p. 201).

Caminhar e correr são um fascínio para muitas pessoas desde que deixaram de ser um mero deslocamento para fugir, caçar ou guerrilhar... Hoje, homens e mulheres se deleitam em realizar grandes travessias nunca antes imaginadas por nossos ancestrais, pelo simples prazer de se deslocarem!

Essas pessoas realizam caminhadas e corridas por desertos, zonas polares, florestas, pantanais... distâncias das mais variadas; e as que mais nos chamam a atenção são as ultramaratonas nas trilhas! *Ultra-trail* é um formato de corrida em que não há distâncias oficiais; estas variam em qualquer distância acima da maratona, normalmente acima dos 50 quilômetros. *Ultra* é usado para definir a distância acima da maratona e *trail*, para definir o tipo de terreno pelo qual será realizada a corrida; nesse caso a trilha ou cross-country (COICEIRO, 2010 e ITRA, 2017).

Para mim, fazer uma *ultra-trail* é a realização da perfeita combinação do movimento, alimento, hidratação, natureza e vislumbrar o horizonte.

A cada dia aumenta mais esse tipo de corrida e seus participantes em todo o mundo. Atualmente há um circuito mundial, o Ultra-Trail World Tour, com mais de 20 etapas por todos os continentes, com distâncias variando de 100 a 250 quilômetros. (UTWT, 2018).

Porém, independente das competições, há muito mais pessoas que se dedicam a essas atividades fora dos ambientes competitivos, e de forma tão lúdica quanto aqueles que gostam de passear no Shopping; podendo percorrer mais de 200 quilômetros, apenas para ter a sensação de liberdade e contato com a natureza.

Para muitos, sair para correr nesses ambientes como trilhas e montanhas é a superação do desconforto.

O corredor de montanha é um autêntico caçador de sonhos sem medo às alturas, que assume o risco de viver a vida intensamente, sem limitações, com um afã inconformista de superação. Seu nível de autoexigência nunca é suficiente. Rompe com o tradicional, o imposto, e foge da monotonia da vida diária. É um devorador de quilômetros com um apetite insaciável de novidade, que leva no sangue, marcado nos seus genes. O iniciante no dia seguinte pensa no seu próximo desafio, *talvez seja o momento de dar o salto para a sky-marathon* e sem perceber, logo estará competindo na sua primeira *ultra-trail*. Durante essa loucura desfrutarão e odiarão com a mesma intensidade a motivação pela qual tomaram essa decisão. Mas realmente perdemos o norte? Ou talvez a mente nos desoriente com truques e apague os momentos de maior sofrimento? E o mais importante, estamos bem treinados para as exigências de cada competição? Com que garantias de êxito partimos para desfrutar do esforço

que nos levará a cruzar a ansiosa linha de chegada? (PÉ-
REZ, 2014, p. 16-17, tradução própria).

Quando estamos nos preparando para correr na trilha, durante as primeiras semanas de treinamento, após cada sessão nos sentimos cheios de energia e com vontade de correr a seguinte.

Jeff Galloway, no seu livro "Guía para el corredor de Montaña: Trail running", da editora Tutor (Madri, Espanha, 2014), assinala:

> Quando estamos correndo, a atividade mental normalmente ocorre no cérebro consciente, ou seja, no lobo frontal. Outros animais carecem desse recurso do cérebro executivo que permite aos humanos estar no momento presente, tomar decisões e planejar estrategicamente. Os neurocientistas acreditam que durante o período entre 2 milhões e 1 milhão de anos a.C. nossos ancestrais ampliaram seu raio de deambulação para encontrar comida. À medida que foram se desenvolvendo em animais de resistência, começaram a se unir para sobreviver, desenvolvendo as características humanas de cooperação, confiança e apoio mútuo, ao mesmo tempo que se ampliava a atividade do lobo frontal. Quando correremos por uma trilha voltamos a nossas raízes [...] Quando se começa a correr por uma trilha, o cérebro acelera instintivamente, ativando circuitos para elevar o estado de consciência. Desde a antiguidade, correr em contato direto com a terra requeria mais recursos de todo o sistema psicofísico. O sistema nervoso central põe-se

em máximo alerta, os reflexos estão dispostos, e o circuito energético prepara-se para conservar ou distribuir, segundo se precisa. Os músculos se ativam, liberam-se hormônios do rendimento e as unidades mecânicas adotam uma amplitude de movimento fluido. Não conheço outra atividade que ative nossa vitalidade e supere nossas expectativas tanto como o *trail running*. (GALLOWAY, 2015, p. 11-16, tradução própria).

Correr na trilha, junto a essa tranquilidade exuberante, é bem descrito por Dagny Scott Barrios (2009):

> A corrida em trilha tem tudo a ver com quietude e beleza relaxante. Uma trilha mais suave irá levá-lo através de campos seremos, em terrenos macios, sobre colinas ondulantes que não prenunciam qualquer tombo. Correr em uma trilha suave é uma meditação pacífica não interrompida por semáforos ou carros acelerados. Esses são os lugares em que você deve começar sua experiência de corrida em trilha. Esses também são os lugares onde deve continuar sua corrida em trilhas sempre que ansiar por uma pausa em um dia de rotina louca na vida cotidiana. O risco é que uma vez que o corredor é iniciado nas trilhas, tem a tendência de querer ir além, tanto física quanto emocionalmente. Uma vez que tenha conquistado a trilha simples, é natural querer alcançar lugares mais distantes para onde a trilha quiser levá-lo. E quando o caminho fica mais acidentado e o piso mais incerto, você se perguntará se não assumiu um desafio grande demais. Você se perguntará

onde estava com a cabeça. E, claro, é aí que frequentemente você chegará ao estado de bem-estar, tanto interior quanto exterior. Você descobrirá do que é capaz na montanha, nos bosques e sequências de morros, e dentro de florestas [...] Nada é mais seguro, simples ou puro do que correr em trilha. É apenas você e a terra, a grama, as pedras as folhas [...] Mas nunca ignore dores e lesões agudas, desidratação e sinais de sofrimento por causa do calor ou do frio. Ignorar esses problemas sérios não é fortaleza mental; é apenas estupidez pura. (BARRIOS, 2009, p. 7 e 190).

Para muitos, o prazer que é correr numa trilha em contato com a natureza não se compara com correr no asfalto em meios urbanos, sendo considerados praticamente esportes diferentes.

Padecer do efeito da corrida sem sentido de Forrest Gump talvez não seja um problema, mas sim uma solução para os dias de hoje; é desfrutar da vida no seu sentido mais pleno, já que sempre uma nova corrida virá atrás da outra. Muitas das soluções encontradas para grandes problemas foram durante a realização de atividade física.

Quem viu o filme "Carruagens de Fogo", de Hugh Hudson (1981), pode desfrutar de um trecho marcante com a frase de efeito dita por Eric Liddell (Ian Charleson): "Tínhamos esperanças em nossos corações e asas em nossos pés". Em outro fragmento do filme, antes de ir para as Olimpíadas de Paris, ele falou: "Acredito que Deus me criou com um objetivo... a China. Mas ele também me fez veloz e quando eu corro, eu me sinto satisfeito. Desistir então seria desperdiçar esse dom… não é só distração, vencer é louvá-lo". Durante os próprios Jogos Olímpicos, enfatizou: "Ele dá força aos fracos, e aos que têm força, Ele os faz poderosos. Aqueles que esperam do Senhor terão suas forças renovadas, eles se renovarão alados como Águias, eles hão de correr sem se cansar, eles hão de andar sem se fadigar". E naquela Olimpíada, quando na plateia um senhor perguntou: "De onde vem a força que os faz continuar correndo?", a resposta foi simples e clara: "Ela vem de dentro".

Alcançar uma meta, um sonho, disputar as Olimpíadas de Paris em 1924; esse era o desejo de dois atletas britânicos contado em "Carruagens de Fogo".

Muito me marcou receber a carta de Thomaz Tassinari, pela sua simplicidade e entusiasmo ao discorrer sobre uma pergunta que lhe fiz, com relação aos sentimentos que ele tinha quando corria pelas trilhas e se recomendaria essa atividade para outras pessoas. Ele me escreveu:

> Recomendo aos praticantes de corrida que busquem, nem que seja esporadicamente, o ambiente natural para praticarem seus treinos. Acredito que a exaustão mental associada às longas sessões de treinamento seja atenuada pelo ambiente natural e a pela busca por locais desconhecidos. A natureza sempre surpreende, por diversas vezes me vi frente a frente com animais silvestres como tatus, veados-catingueiros, teiús, iraras ou mesmo jacarandás, ipês, quaresmeiras e paineiras floridas pelo cerrado que envolve a região em que vivo. Estes encontros promovem uma injeção incrível de força mental e euforia. Algo que no quilômetro quarenta de um treino longo qualquer faz

toda diferença para mim, elevando o espírito a um nível de êxtase. A imersão profunda no ambiente natural, potencializada pela inundação de endorfinas no meu cérebro e a sensação de liberdade, me levam a experiências transcendentais. Sinto assim a presença de uma Grande Obra ao meu redor e além: sinto-me parte Dela, como se eu e todas as coisas fôssemos Um, deslocando-nos juntos na direção do tempo. (TASSINARI, 2016).

Sempre fui um apaixonado pelos espaços naturais e atividades ao ar livre. Quando tive meu primeiro contato com montanhas foi Jordi Bes Ginesta, conhecido como Toti Bes de Girona (Espanha), quem me orientou. Toti foi campeão em 2013 da CCC e terceiro na TDS de 2014, ambas as provas presentes no calendário da lendária Ultra-Trail du Mont-Blanc, além de ter obtido, em 2015, o título da Pierra Menta Été. Ele me disse:

> Fabrício, para mim, correr é sentir-me livre, às vezes corro para fugir de todos os problemas cotidianos. É o meu momento, posso pensar em como solucionar um problema ou simplesmente não pensar! Só correr [...] para mim não existe dia sem esporte e correr é um esporte fácil, rápido e efetivo [...] Corro o caminho até a liberdade ou corro o momento do dia em que possa pensar ou deixar de pensar. (GINESTA, 2017).

Enquanto eu escrevia este livro, Toti vencia a Transgavarras na unidade de conservação Les Gavarres de Girona, em 2017.

Scott Jurek uma vez disse: "estou convencido de que muita gente corre ultramaratonas pelo mesmo motivo pelo qual toma 'substâncias' que alteram o estado de ânimo... quanto mais tempo corro e quanto mais longe chego, mais me dou conta de que o que andava buscando era um estado da mente (JUREK; FRIEDMAN, 2013, p. 248, tradução própria).

Nós, os grandes admiradores das corridas nas trilhas, somos quase unânimes ao dizer que quando corremos por esses lugares, os momentos de contemplação do natural nos elevam. Parece que nossos pensamentos tornam-se mais "iluminados", mais claros; seria como atingir momentos de intensificação espiritual.

> Na trilha você pode fugir dos problemas. Você pode correr em direção às respostas. Você pode se perder. Você acha paz. E se correr tempo suficiente, você descobrirá a magia [...] a magia que descobrimos na trilha pode ser encontrada longe de casa ou perto dela. Às vezes é linda de se contemplar, e em outras é mais amedrontadora [...] a simplicidade da trilha parece desvendar tudo. Torna-se claro que a vida é breve ou que precisa mudar. (BARRIOS, 2009, p. 196).

Campeã do Xterra Brasil de 2016, minha amiga, que se considera arquiteta de formação, fazendeira de profissão e corredora de ultra-trail por paixão, Lara Gabriel Martins (Goiânia, GO), relatou-me o seguinte:

> Correr é a maneira mais intensa de me sentir viva! Houve dois momentos em que a corrida foi fator

determinante na minha qualidade de vida. A primeira com 28 anos quando me ajudou, juntamente com a psicoterapia, a fazer o luto tardio e a superar a depressão pela morte de minha mãe. A corrida encheu meu corpo de endorfina fazendo com que os antidepressivos fossem, aos poucos, eliminados de meu dia a dia [...] seis anos depois volto para a corrida como meio de inserção social na nova cidade que acabara de me mudar, Goiânia (Goiás, Brasil). Esse foi o segundo momento em que a corrida entrou pra valer em minha vida e veio para ficar. Desde então, não só conheci pessoas e fiz grandes amigos, mas um universo inteiro de novas possibilidades de existência se abriu para mim [...] descobri que tinha "talento" para esse esporte, e à medida que melhorava minha performance, os resultados apareciam nas provas de que participava. Por necessidade, meus treinamentos em sua grande maioria acontecem na zona rural e isso me trouxe uma imensa conexão "Lara-Natureza" que hoje não posso viver sem. Aos poucos sentia que não só meu corpo, mas também minha mente se fortalecia para as corridas mais longas e para os desafios de meu dia a dia. Ser resiliente e descobrir até onde vai essa característica vista como "sobre-humana" se abriu para mim. Hoje me sinto forte mentalmente para encarar qualquer problema que aparece; e principalmente ter mais paciência e sabedoria para lidar com eles [...] Ser atleta de *endurance* exige disciplina nos treinamentos, pois o volume semanal vai aumentando consideravelmente de acordo com a distância das provas. Quando estou correndo por horas, seja em treinos longos ou em provas, não vejo o tempo passar. Quando encaixo um bom ritmo, corpo e mente entram em sintonia, mesmo quando o cansaço e as dores já se fazem presentes [...] Passar horas em treinamentos contínuos e provas requer uma dose extra de força física e sobretudo de força mental. É óbvio que, na teoria, todos nós somos portadores desta força, mas a prática nos mostra que são poucos os que se dispõem a utilizá-la [...] As dores são quase diárias, as metas são gigantes e o caminho é solitário à medida que os objetivos se tornam maiores e mais desafiadores. No entanto, quem se dispõe a transpor tudo isso encontrará uma vida quase plena, com descobertas incríveis! (MARTINS, 2017).

Na cultura Celta, entende-se que na terra há bolsões onde os seres humanos podem entrar em contato com seres divinos, onde a matéria pode encontrar com os espíritos. Nesses bolsões naturais, sente-se com mais força a presença do sagrado.

Seriam esses bolsões parte de alguma floresta, deserto, montanha, caverna...?

Para os povos tradicionais dessas regiões, esses lugares tornam-se sagrados! E esse sagrado favorece a meditação, a conexão com o Ser Supremo, a Divina Providência, o trabalho para uma saúde espiritual; e o círculo virtuoso se fecha com a manutenção e preservação desses ambientes.

O fato é que essa sensação de contato com o sagrado parece mais próxima quando nos colocamos nesses lugares inóspitos, que para nossos ancestrais eram seus hábitats e para nós, hoje, são apenas lugares remotos.

Em julho de 2017, tive a experiência de atravessar a Ilha do Bananal do leste, desde o rio Javaés, até o oeste, alcançando o rio Araguaia; quase 100 quilômetros. Uma Travessia Solidária organizada pelo educador físico Valter Ribeiro Carvalho. Durante a travessia, houve momentos intensos, interessantes, maravilhosos e também dolorosos. Fiz novas amizades e compartilhamos experiências com os que corriam e apoiavam a travessia e também com as comunidades indígenas locais.

Durante a jornada de quatro dias, sendo dois dias de corrida, fomos acompanhados dentro da Ilha do Bananal por Idjaruma Karajá, indígena local, amigo do Valter e que documentava tudo para um curso de fotografia. Sou eternamente grato a ele e manifesto a minha admiração e respeito por sua humildade, dedicação e pelo acolhimento em seu núcleo familiar, onde passamos a noite no final da nossa travessia, às margens do Rio Araguaia, compartilhando um bom chá, comida e prosa aquecida pela fogueira.

Fruto dessa travessia, conheci Marcos Amaral, um policial federal do departamento de análise toxicológica de Palmas (TO). Uma pessoa extraordinária! Ele me relatou o seguinte:

Sempre encarei o ato de correr influenciado pelo "Caminhar" de Thoreau. Assim, o Correr transcende os aspectos físicos e fisiológicos; penetra e conquista territórios metafísicos e filosóficos. O esvaziamento mental proporcionado pelas corridas de longa distância e duração, especialmente em ambientes não urbanos, assemelha-se à sensação resultante de uma meditação budista ou de uma oração cristã. Portanto, "O Correr" pode ser tão sagrado quanto o orar ou o meditar. Além disso, nos possibilita a travessia. Esta, por sua vez, carrega um significado que extrapola o deslocamento entre dois pontos. Usando uma lente "Roseana", enxergo a travessia como algo subjetivo, quase mágico. Uma sensação que apenas se manifesta naqueles que ousam atravessar [...] recorrendo a Guimarães Rosa, digo que "o real não está na saída nem na chegada: ele se dispõe para a gente é no meio da travessia [...]".

Éramos oito corredores, certamente cada um deles experimentou e captou diferentes elementos dessa notável experiência, mesmo passando pelos mesmos caminhos e correndo lado a lado. Sobre isso, da mesma maneira que iniciei, chamo por João Rosa para fechar esse relato usando o trecho "Cada um rema sozinho uma canoa que navega um rio diferente, mesmo parecendo que está pertinho". (AMARAL, 2017).

Amaral, com seus pensamentos e suas pinturas, invoca a iluminação!

A Ilha do Bananal é a maior ilha fluvial do mundo, com área aproximada de 25 mil km², e está localizada no estado do Tocantins (Brasil) entre os rios Javaés e o Araguaia, na planície do Cantão e nas divisas dos estados de Goiás e Mato Grosso. É integrada pelos municípios de Caseara, Formoso do Araguaia, Lagoa da Confusão, Marianópolis e Pium. Como reserva ambiental, há duas unidades de preservação, o Parque Nacional do Araguaia, localizado ao norte, administrado pelo Instituto Chico Mendes de Conservação da Biodiversidade (ICMBio) e, ao sul, o Parque Indígena do Araguaia, administrado pela Fundação Nacional do Índio (Funai). Está classificada como reserva da biosfera pela organização das Nações Unidas para a Educação (Unesco); nela estão as aldeias indígenas das etnias Javaé e Karajá. (TURISMO TOCANTINS, 2018).

Quando Jeff Galloway (2014) disse "ao percorrer uma trilha por montanhas, desertos ou parques naturais você entra em um estado mental distinto. Interatua constantemente com o terreno, a vegetação, a mudança de atitude, diversos sons e aromas", ele está transmitido as informações das atividades naqueles bolsões naturais, informações essas de como interagimos ao entrar em íntimo contato com eles e onde, uma vez lá, nosso estado de alerta nos eleva. Galloway relata:

> Meu espírito carrega-se de energia depois de qualquer corrida, ainda mais com a corrida na trilha. O contato com o terreno em um entorno natural ativa partes do sistema psicofísico que não se ativam em outros tipos de corridas [...] A atitude psicofísica eleva-se a um nível mais alto de consciência a fim de estar preparado para

reagir. Vive em um momento presente e interatua com a vida que lhe rodeia enquanto continua avançando [...] O resultado é que me sinto mais vivo e cheio de vitalidade quando percorro uma trilha: o corpo, a mente e o espírito trabalhando ao uníssono. (GALLOWAY, 2015, p. 9, 11-16, tradução própria).

Ao ler Jeff Galloway, sabemos que ele realmente não "está só."

COMPARTILHANDO CAMINHOS

> *As entidades não humanas não existem meramente para atender às necessidades humanas. Tampouco são deuses todo-poderosos que governam o mundo a seu bel-prazer. O mundo não gira em torno dos humanos ou de qualquer grupo de seres particular.* (HARARI, 2018, p. 85).

Em 2017 fiz uma provocação no grupo do evento esportivo Corta Mato Survival Run 2017, organizado pelo amigo Frank Ned Santa Cruz de Oliveira em Brasília. Perguntei: "o que faziam com uma caveira um policial do Instituto Médico Legal, um pastor luterano e dois médicos, no riacho em plena madrugada fria na serrinha próximo à Rota do Morcego?" Não foi bem com essas palavras, mas... a turma foi ágil!

Rapidamente alguns começaram a ajudar e procurar saber sobre essa notícia. Ouvi frases como "pode ser lugar de desova, Fabrício!" e, antes que ficassem mais exaltados, contornei a situação, e esclareci aquela provocação. A realidade foi a seguinte: meu amigo Adriano Chiarani da Silva (pastor luterano e reitor do CEULP/ULBRA de Palmas-TO) e eu corríamos juntos a prova de 42 quilômetros, Alexandre Manzan (agente de polícia judiciária do DF) e seu irmão André Manzan (médico) corriam a de 21 quilômetros.

Durante a corrida, os irmãos se encontraram frente a frente próximo a esse riacho e descobriram que um dos dois havia errado, e Alexandre descreveu "correndo por uma trilha fechada, na expectativa de chegar ao leito de pedras de um riacho por onde correríamos, dei de cara com meu irmão, que também fazia a prova. Sem pensar muito, concluí: um Manzan havia errado o percurso!" (MANZAN, 2017). A caveira de boi, com pinturas de vermelho, era uma marcação da prova colocada pelo próprio Frank. Depois da prova, no nosso momento de descontração, cada um com seu troféu: uma caveira humana de argila! Adriano e Alexandre ganharam as suas provas, fiquei em segundo lugar, e André errou o caminho, mas consertando a tempo de poder finalizar e comemorar.

A corrida na trilha promove, além da amizade, brincadeira e descontração!

Com relação aos eventos de *endurance*, Manzan me relatou:

> Fabrício, eu gosto da distância longa porque me permite negociar com meu corpo e percorrer grandes trechos de modo relativamente confortável. É muito empolgante ver o que o corpo é capaz de fazer. Essa atividade mudou tudo, hoje vivo por conta do esporte. Todos meus hábitos são vinculados ao esporte. Durmo, como e me divirto por conta do esporte [...] o *triathlon* é um esporte completo e cativante. Os benefícios da prática são muitos. A pessoa sentirá uma mudança radical em sua vida. Em todos os sentidos, emocional e físico. (MANZAN, 2017).

Compartilhar experiências com campeões mundiais de *triathlon* como Alexandre Manzan e Leandro Macedo, ambos de Brasília (DF), que treinavam e competiam em diversas circunstâncias e que hoje nos falam das suas experiências, para mim é algo que me transformou. Quando estive em Palmas (TO) e dividimos aulas num *training camp* de *triathlon*, Macedo me disse que "a meditação fazia e faz parte da sua vida cotidiana."

Na prática da metodologia do treinamento, usam-se as intensidades leve, moderada e intensa, sendo essas as três zonas de treinamento. Outros usam cinco zonas, acrescentando "muito leve" e "muito intensa". Por fim, há os que consideram sete zonas, com duas a mais nos limites superiores.

Essas zonas de treinamento, também conhecidas como zonas de frequência cardíaca de treinamento, são calculadas segundo a frequência cardíaca máxima estimada pela idade ou mesmo por testes ergométricos ou ergoespirométricos. Mas há uma zona que sempre indico para os amantes das corridas nas trilhas que não se enquadra em nenhuma das anteriores. Eu a chamo de "zona Zen". Seria uma forma de meditação durante sua jornada de caminhada e corrida.

Não quero banalizar o termo Zen e, por isso, tentarei esclarecer citando Osho:

> O Zen é como um telegrama. Ele crê no essencial. Não tem tolices em torno dele [...] apenas pequenas anedotas. Se você tiver a percepção correta, elas vão atingi-lo diretamente no coração. Trata-se de um

ensinamento muito condensado e cristalizado, mas é preciso que a pessoa esteja preparada para ele. A única preparação é a consciência meditativa [...] O Zen é um cruzamento entre o pensamento de Buda e o pensamento de Lao-Tzu. É um grande encontro [...]. (OSHO, 2016, p. 1 e 44).

Lao-Tzu foi o grande representante do Tao.

Tao significa transcendência, transcendência de toda dualidade, de toda polaridade, de todos os opostos. O Tao é a síntese suprema – a síntese do homem e da mulher, do positivo e do negativo, da vida e da morte, do dia e da noite, do verão e do inverno. (OSHO, 2014, p. 12).

A zona Zen não se calcula nem está descrita em nenhum livro ou artigo de metodologia do treinamento. Essa zona é um período que você usa para a sua saída de atividade naqueles bolsões naturais, para desfrutar do momento presente. Nessa zona, você caminha, corre, para, contempla, entra num riacho e se refresca nas águas, sobe num penhasco ou numa árvore ou em ambos, entra numa caverna e nunca, insisto, nunca cronometrado nem medido; apenas um tempo mínimo deve ser cumprido para a realização da atividade... o momento... não há ritmos (*paces*) de quilômetros por hora nem minutos por quilômetro.

Relógio?
Para ver as horas, claro!

Telefone?

Somente para ligar em caso de emergências, e nesse caso recomendo colocar o contato da pessoa que você quer que seja avisada nesses casos emergenciais como "AAEmergency" seguido do nome dela; dessa forma o nome para o qual se chamará em caso de emergência sairá como o primeiro na lista de contatos. Isso é um sistema reconhecido em todo o mundo, aplicado pela Cruz Vermelha/Meia Lua Vermelha internacionalmente, com o qual o resgate e os praticantes de aventura já estão familiarizados. Mas não se esqueça de desligar a senha para abri-lo e de ativar a sua localização, caso seu celular o tenha. Hoje há celulares com aplicativo específico para essa função.

Ir nos caminhos dos bolsões naturais na zona Zen é buscar interagir com esses lugares, é senti-los no seu mais profundo interior, é deixar-se levar... fluir como a água.

Mas de quanto em quanto tempo deveria realizar uma atividade na zona Zen?

Se você gosta de competir, recomendo a cada quatro semanas, dependendo do seu ciclo de treinamento.

Para aqueles que desfrutam da atividade da corrida nas trilhas sem ânsia competitiva nem planos quadrados de treinamento, todas as semanas, quantas vezes achar necessário.

Segundo Osho, "o Tao diz que qualquer atividade feita com plena consciência se torna uma meditação. A atividade não é a coisa real, e sim como você a faz, que consciência você leva a ela" (OSHO, 2014, p. 103). A corrida nos caminhos e trilhas dos bolsões naturais pode ser considerada como uma filosofia de vida, porque como bem disse Jeff Galloway "não estamos sós", já que compartilhamos de sentimentos parecidos quando nos aventuramos por esses lugares. E, com isso, volto a citar Dagny Scott Barrios:

> Diferente da rua, onde você vê sempre o mesmo cenário, seguidamente, uma trilha traz beleza e surpresas. Esteja preparado para parar, sem culpa, quando perceber algo que lhe tira o fôlego, um gambá, um veado, um tatu, um macaco, o forte cheiro de pinheiros e eucaliptos depois da chuva, uma quietude zen em sua mente. A trilha oferece até mesmo rochas úteis onde se sentar para ter seus momentos de contemplação [...] Muitos corredores em trilhas não consideram o que fazem como treino. E tudo bem – discutivelmente corrida em sua melhor e mais simples forma – correr por tanto tempo quanto queira tão rápido ou lentamente quanto queira, tanto quanto goste e nunca ter de pensar em termos de treino formal. Muitos corredores em trilhas, particularmente aqueles com pouco interesse em competições, adotam essa abordagem relaxada e nunca se preocupam em manter um diário de corrida ou em variar seus exercícios. (BARRIOS, 2009, p. 17 e 65).

Correr na zona Zen é como meditar, e deixar o mais livre contato com a Terra; é interagir com nosso entorno e os elementos.

> O Zen deu à luz muitas coisas [...] Ele criou arte que tem uma qualidade própria, criou poesia, criou literatura, criou drama, criou escultura. Em tudo o que criou, deixou uma marca inconfundível de meditação; transformou coisas em meditação as quais ninguém jamais imaginara que um dia pudessem ser associadas com meditação. (OSHO, 2016, p. 74).

Às vezes ao ir só, correndo e meditando, no silêncio, posso de repente me encontrar na "Terra de Ninguém."

A zona Zen na Terra de Ninguém pode chegar a ser algo enigmático, místico, muito tentador ou assustador! Parece que um mundo paralelo se abre em portais para outras dimensões.

UM PASSO DEPOIS DO HORIZONTE

> *Estamos tão ocupados fazendo 'alguma coisa', que raramente separamos um tempo para observar e checar nossos desejos mais profundos.* (HANH, 2016, p. 33).

Às vezes prefiro ser um vagabundo, andarilho, trota-mundo, porque assim teria esse tempo para o meu Ser.

Será que eu precisaria ser tão radical para encontrar esse tempo?

Terra de Ninguém, nela me encontro só!
Caminhando e correndo sozinho e contemplando a natureza e o que seja, encontro-me comigo mesmo, eu, minha sombra e um outro. E nessa introspecção, talvez insensata, eu poderia chamar essa presença de o "Terceiro Homem"? Quero relembrar e, então, repito: "o prazer de sentir essa presença, a sua sensação de proteção e o conforto, nos dá asas para ampliarmos nossos horizontes, nossas percepções e seguirmos com nossos desafios!".

Ao pensar no Terceiro Homem, na Sombra, no Ego, vieram-me alguns aspectos plasmados da musicalidade da nossa cultura local… "Se Correr o Bicho Pega", de Jurailldes da Cruz:

Eu pensei correr de mim, mas aonde eu ia eu tava. Quanto mais eu corria mais pra perto eu chegava. Quando o calcanhar chegava, o dedão do pé já tinha ido. Escondendo eu me achava e me achava escondido. Só sei que quando penso que sei já não sei quem sou. Já enjoei de me achar no lugar que aonde eu vou, eu tô. Tô pensando em tirar férias de mim, mas eu também quero ir. Só vou se minha sombra não for, se ela for eu fico aqui. Um dia desses sonhando eu pensei não vou me acordar. Vou me deixar dormindo e levanto pra comemorar. Eu pensei correr de mim, mas aonde eu ia eu tava. O espelho me disse só tem um jeito pro assunto. Não adianta querer morrer porque se morrer vai junto. Se correr o bicho pega, mas se limpar o bicho some. Tem que desembaraçar o novelo da vida do homem. Se quiser que eu vá eu vou, se quiser que eu fico eu fico. Quero ver você sair, meu irmão, dessa sinuca de bico. (DA CRUZ, 2002).

Quem sabe correr de mim mesmo, possa ser, na verdade fugir; e então voltamos ao mesmo assunto, ao dizer que corremos por algo: para caçar ou para fugir.

Mas hoje, o que caçamos?

E se fugimos, fugimos de quê? Das nossas "sombras"? Dos nossos ancestrais?

Pessoas podem querer fugir do cotidiano, do tédio que as assola, da depressão, desse "novelo" que se vive. Outras caçam soluções para sanar o tédio; e correr, nesse caso, seria melhor usado em seu sentido literal, como um passo a mais para as soluções do que para se evadir.

O esforço que nos leva a tomar a decisão e, posteriormente, manter esse esforço pode nos levar a situações inesperadas. Passar de uma pré-contemplação para a contemplação-preparação e depois para a ação, diante de um espelho ou em uma varanda é uma situação desafiadora. Mas, quando isso acontece, você coloca todo o seu empenho em seguir adiante, se hiperativa e às vezes se torna hiperalerta.

"Tente Outra Vez", cantada por Raul Seixas, nos dá algumas sugestões do que falamos anteriormente:

Tente. Levante sua mão sedenta e recomece a andar.

Não pense que a cabeça aguenta se você parar, não, não, não, não. Há uma voz que canta, uma voz que dança, uma voz que gira. Bailando no ar [...] Tente. E não diga que a vitória está perdida. Se é de batalhas que se vive a vida.

Tente outra vez. (SEIXAS; COELHO; MOTTA, 1975).

Inúmeras vezes nos deparamos com esses momentos em que pensamos em desistir, mas parece que ouvimos e sentimos essa "voz" – e então continuamos, e tentamos uma e outra vez.

Em 2016, quando eu realizava os 50 quilômetros de corrida do XTerra de Tiradentes (MG, Brasil), e tentava estar entre os dez primeiros para poder finalizar o ano no circuito entre os cinco primeiros – não foi possível –, infelizmente me lesionei numa queda nessa prova, que me fez parar várias vezes, mas seguia tentando, parava e tentava outra vez. Em um certo momento encontrei um dos atletas de ponta deitado no chão, na sombra de uma árvore! Mais uma vez pensei que seria hora de atuar como médico, como havia feito com um atleta em 2015, que sofreu uma arritmia na Transgrancanaria e precisei cooperar na ajuda. No XTerra foi tudo muito rápido e a assistência de primeiros socorros do evento foi ágil e efetiva.

Uma corrida, uma assistência e nasceu uma amizade. Conheci o educador físico Roberto Oliveira, a quem pude prestar ajuda e que resultou em reconhecimento da parte dele. Eu não poderia deixar de citar essa passagem, importante para mim e para outras pessoas que gostam dessa atividade. Esse reconhecimento foi expresso publicamente mais tarde em sua rede social:

> Bom dia a todos! Ainda não tive a oportunidade de relatar o que ocorreu comigo na prova de 50 km do Xterra Brasil em Tiradentes! Vou ser um pouco mais detalhista para que todos entendam a diferença entre quebrar e abandonar uma prova por questão de saúde: Sou educador físico. Tenho quase dez anos de corrida de Rua, sendo dois deles voltados para as corridas *Trail run*, ou seja, de montanha. Nunca quebrei dentro de uma prova e não tenho nenhum problema de saúde, inclusive cardíaco! A prova teve a sua largada às 07:50 da manhã. Na minha opinião tarde, pois todos sabiam que a temperatura ia subir. Mas até aí tudo bem, pois me preparei especificamente para a prova, treinando neste tipo de clima quente! Dada a largada, mantive um *pace*

leve, correndo junto com o meu amigo @josuesbh onde procuramos dosar o ritmo. Acho que corremos juntos até próximo ao km 20. Daí para frente eu mantive o meu ritmo, que estava tranquilo e ele correu um pouco mais leve. Daí para frente, conheci um rapaz chamado Gustavo, onde fomos correndo juntos por uma boa parte. Sempre que tinha hidratação na prova, eu completava a minha mochila de hidratação, fiz uso de cápsula de sal, tomei gel, como banana e purê de batata. Não faltou nada! Até o km 33, estava tudo certo! A musculatura estava sem dores, e o desgaste era natural da prova. Me lembro, que eu estava correndo com um *pace* acima de 5'30" por km, mas as coisas começaram a ficar difíceis após o km 33. Peguei uma subida fortíssima em um descampado, onde subi andando para não me desgastar, pois sabia que poderia quebrar caso fizesse uso desnecessário de força. Quando acabei a subida, estava muito cansado e daí, tive que descer andando para tentar me recuperar. Fiz este km em 8'55". Como vi que não conseguia recuperar a minha respiração, continuei andando no km 34, com aquele Sol fritando, pois assim, me recuperaria do cansaço. Mas infelizmente, ali eu já estava com um processo de hipertermia, onde minha temperatura corporal subiu muito e eu não conseguia mais baixá-la. Fechei o km 35 com 9'08". No km 36 peguei uma descida, em um local onde tinha um pouco menos de sol onde consegui dar um trote, mas estava muito difícil, pois os meus batimentos cardíacos estavam altos, mesmo caminhando, o corpo muito quente e começou a faltar oxigênio. Fechei o km 36 em 7'16". No km 37, continuei uma caminhada com leves trotes, já tentando achar um staff, que neste caso seria um soldado do exército, para chamar o resgate, pois sabia ali que a prova para mim já tinha acabado. Mas estava sozinho e ninguém passava por mim. Fechei o km 37 em 7'12". O km 38, talvez tenha sido o mais angustiante! Peguei um descampado, mas plano, com um sol de mais de 30 graus e por volta das 13:00. Continuei caminhando, até que vi uma mata mais fechada e ali pensei que estaria bem, pois me esconderia do sol. Foi o pior trecho! Quando comecei a entrar na mata, vi que era uma subida muito inclinada. Comecei a subir com muito sacrifício e pedindo a Deus que alguém pudesse aparecer, pois não aguentaria muito tempo. Então no meio desta subida que era uma trilha, parei um pouco, respirei e peguei um pedaço de madeira onde fiz um cajado que diminuiu o peso que eu estava puxando. Consegui subir e fechei o km 38 km 12'55". Entrei então, em uma descida, onde a atleta feminina que ganhou a prova passou por mim e perguntou algo, mas não consegui responder devido ao cansaço. Daí mais uns dois corredores me passaram e para minha sorte, avistei um soldado que estava em um ponto de apoio. Foi difícil chegar até este ponto pois estava no limite. Quando cheguei próximo dele, perguntei se eu podia me sentar próximo, pois estava passando mal. Fiquei uns 5 minutos sentado tentando recuperar minha respiração. Mas foi em vão. Continuei muito ofegante, o corpo muito quente e os batimentos altos e faltando ar! Ali então, eu me deitei com os pés para cima e pedi ao soldado que chamasse o resgate, pois sabia que poderia a qualquer momento entrar em uma parada cardiorrespiratória! Enquanto eu estava deitado no chão, vários corredores passaram por mim e foram solidários, perguntando se estava tudo bem. Um corredor, de nome Fabrício, parou imediatamente e se apresentou como médico e, muito ético, fez os primeiros atendimentos, me acalmou e ficou comigo até o resgate de moto chegar. Tenho muito a agradecê-lo! Daí o meu amigo das corridas, Mauricio Rodrigues, parou também, perguntou como eu estava e se precisava de algo. Agradeci ele e falei para continuar a sua corrida. Foi feita a aferição da pressão arterial que, naquele momento já estava normal, e administrado 250 mL de soro na veia. Neste momento, fui bem racional, mesmo querendo completar a prova, mas abandonei. Fui levado, já bem melhor e andando até um ponto de controle junto aos socorristas e depois, encontrei com minha amiga e anja Ana Lana, que me fez escorrer lágrimas nos olhos e ainda conseguiu uma carona com os amigos para me levar até a chegada! Infelizmente não pude ter o prazer de sentir a torcida dos meus alunos na chegada! Mas recebi algo melhor: O carinho, amor e o sentimento de preocupação de todos! Os abraços me confortaram e fiquei feliz de Deus me dar mais um livramento e poder contar isso para vocês, Obrigado a todos pelo carinho prestado e podem ter certeza que em 2017, estarei em Tiradentes novamente! (OLIVEIRA, 2016).

Naquele dia, Roberto respondeu muito bem ao tratamento! Eu entendia o seu sofrimento; comentou que tinha treinado muito para aquela prova e que não queria desistir, mas há uma diferença tênue entre desistir e abandonar. Naquele evento ele teve que abandonar por problema de saúde. Ele não desistiu!

Outras corridas existirão, as trilhas e montanhas continuarão lá e pode-se tentar outra vez! Agradeço aos "guardiões das trilhas", se assim posso dizer; agradeço a Deus, por eu ter levado aquele tombo e ter mudado o foco, baixado a bola, e por conseguir ter uma outra visão naquele dia e com uma consequência que foi uma bela amizade!

DUROS CAMINHOS

> *Não temas, porque eu sou contigo; não te assombres, porque eu sou o teu Deus; eu te fortaleço, e te ajudo, e te sustento com a minha destra fiel.* (Isaías, 41:10).

Se uma pessoa, em seus momentos mais duros de atividade, encontrando-se isolada e tendo que tomar uma decisão a qual pode colocar tudo a perder, seja o que significar essa perda, o alerta de seu sistema nervoso central se exacerba, e ela não só ouvirá, mas também verá e até mesmo será capaz de interagir com "algo".

Às vezes esse estado de alerta hiperativado seria a consequência de uma sensação de medo momentâneo, comum em situações extremas como ocorre em grandes travessias?

Ou do esforço em condições limitantes do corpo e da mente humana como relatado por Ernest Henry Shackleton após sua exitosa liderança e conduta no salvamento de toda a sua equipe na expedição do Endurance ao Polo Sul?

O explorador norueguês Roald Amundsen foi o primeiro homem a alcançar o Polo Sul, em 14 de dezembro de 1911; mas antes desse feito, Shackleton, em 1909, juntamente ao capitão Robert Falcon Scott, percorreu 180 quilômetros na Antártida com esse mesmo objetivo, sem conseguir alcançá-lo.

Scott voltaria a tentar uma segunda expedição de 1910-1912, alcançando o Polo Sul um mês após a conquista pelos noruegueses. Naquele momento, Scott e sua equipe leram um recado deixado por Roald Amundsen justo no Polo Sul, que dizia:

> Querido comandante Scott: como o senhor será provavelmente o primeiro a chegar aqui depois de nós, posso lhe pedir que envie a carta adjunta ao Rey Haakon VII de Noruega? Se os equipamentos que deixamos na tenda podem ser-lhe de alguma utilidade, não hesite em levá-los. Com meus melhores votos. Desejo-lhe um feliz regresso. (AMUNDSEN, 2017, p. 542-3, tradução própria).

Esse recado final, "Desejo-lhe um feliz regresso", de Amundsen (1911), até então, não tinha um tom tão obscuro, mas a história conta um terrível drama ao descobrir o sofrimento das últimas palavras escritas de próprio punho pelo capitão Robert Falcon Scott em seu diário, quando disse: "Já toda esperança deve ser abandonada. Esperaremos até o fim, mas nos debilitamos gradualmente; a Morte não pode estar longe. É espantoso; não posso escrever mais. Pelo amor de Deus, cuidem de nossa gente." (SCOTT, 2011, p. 187, tradução própria). Aquela equipe, com cinco homens, incluindo Scott, no seu regresso ao acampamento-base a tão somente 11 quilômetros do acampamento, onde outra equipe os esperava ansiosa, faleceu!

Após o Polo Sul ter sido "conquistado" e cravado com a bandeira norueguesa em 1911 e após o falecimento de toda a equipe de Scott em 1912, Shackleton decide que uma travessia de ponta a ponta do continente gelado seria um feito ainda mais imponente na história.

A fim de recrutar aventureiros trabalhadores para a sua empreitada, ele publicou o famoso anúncio, relatado anteriormente, em 1914, no The Times de Londres:

> Procuram-se homens para uma viagem perigosa. Salário baixo. Frio extremo. Longos meses de absoluta escuridão. Perigo constante. Não há garantia de voltar com vida. Honra e reconhecimento no caso de êxito. (SHACKLETON 2014, p. 31, tradução própria).

Com seus homens a bordo e devidamente equipado, Shackleton e sua equipe zarparam no navio Endurance, desde a Inglaterra com destino ao Polo Sul em setembro de 1914. Em outubro de 1915, o Endurance naufragou, após ficar encalhado no gelo por nove meses. Shackleton e seus homens, depois de estarem à deriva em banquisas de gelo por seis meses, decidem por tentar regressar, em três botes salva-vidas, ao porto pesqueiro na Ilha de Geórgia do Sul, lugar de referência e ponto de apoio de Shackleton durante aquela expedição.

Uma semana depois, toda a equipe chega à Ilha Elefante, a 1.300 quilômetros da Ilha de Geórgia do Sul. Após alguns meses na Ilha Elefante, cansados e famintos, Shackleton decide que ele e outros cinco homens iriam para a Ilha de Geórgia do Sul. Construíram um barco com restos dos botes salva-vidas e seguiram viagem pelo mar agitado, alcançando em maio de 1916 o lado sul da

Ilha. Desde lá, Shackleton, juntamente a outros dois homens, empreenderam uma longa caminhada passando por trilhas, geleiras e montanhas até chegarem no destino proposto: a estação de pesca de baleias em Grytviken. Desde janeiro de 1915, quando o Endurance encalhou no gelo, ao final de maio de 1916, quando chegaram em Geórgia do Sul, e até janeiro de 1917, Ernest Henry Shackleton liderou sua equipe e conseguiu voltar e resgatar a toda a sua equipe com vida.

Um fato intrigante e de grande interesse foi o que Shackleton relatou em seu diário e publicado posteriormente:

> Quando lembro esses dias, não tenho dúvidas de que a Providência nos guiou, não só através dos campos de neve, senão também através do mar de espuma branca pela tempestade que separava a Ilha Elefante de nosso lugar de desembarque em Geórgia do Sul. Sei que durante a longa e tortuosa marcha de trinta e seis horas pelas anônimas montanhas e glaciais de Geórgia do Sul, com frequência parecia-me que éramos quatro e não três. Não disse nada aos meus companheiros a respeito, mas logo Worsley me disse, "chefe, tive a curiosa sensação durante a viagem de que havia outra pessoa conosco". Acreditem, confesso que havia sentindo o mesmo. Uma pessoa sente "a escassez de palavras humanas, a aspereza da palavra mortal" ao tratar de descrever coisas intangíveis, mas o registro de nossas viagens estaria incompleto sem uma referência a alguém muito próximo a nossos corações. (SHACKLETON, 2014, p. 341-2, tradução própria).

Shackleton em nenhum momento procurou a hiperatividade; os estados de alerta quase insanos como procuram alguns atletas de esportes extremos. Porém, foi obrigado a estar assim porque sua missão era a de salvar a vida dos homens da sua equipe.

Mas esse estado de limite pode nos colocar em "outra dimensão"?

Por que algumas pessoas querem ansiosamente provar desse estado hiperativo, mesmo conhecendo os riscos? Provar de um estado de medo?

O que seria o medo?

Quando fugimos, somos estimulados, mesmo que a fuga seja de situações adversas, procurando a segurança, como a que passou a equipe de Shackleton.

O estado de medo revela a íntima relação da nossa evolução diante de soluções comportamentais aos problemas de sobrevivência. Na ação de fuga relacionada com o medo, o que eu chamaria de "alarme intrínseco" é ativado; e esse sistema de alerta não se relaciona com as zonas de raciocínio para o perigo iminente.

> Nos seres humanos, quando os sistemas do medo começam a reagir, o cérebro racional tenta avaliar o que está acontecendo e o que fazer a respeito. Mas os trajetos que conectam o córtex são mais tênues do que aqueles que ligam a amígdala ao córtex e isso poderia explicar por que, quando uma emoção é desencadeada, ela é

difícil de ser controlada, e por que antigos medos continuam conosco, como se tivessem sido impressos nos trajetos neuronais. (*apud* COFFEY, 2011, p. 37).

Atividades físicas de longa duração em ambientes ricos em fauna e flora, naqueles bolsões verdes, naturais, de extrema beleza da natureza, podem nos induzir a um estado de concentração profunda e, com isso, nos levar a experiências jamais imaginadas, deixando fluir o estado de espírito, diluindo os medos e as dúvidas.

Às vezes me identifico com Henry David Thoreau quando ele disse: "acho que não consigo preservar minha saúde e meu ânimo se não passar quatro horas por dia, pelo menos – e geralmente é mais do que isso –, vagando através das matas, dos morros e dos campos, absolutamente livre de todos os compromissos terrenos" (THOREAU, 2012, p. 51).

Somos seres cooperativos por excelência e por isso vivemos em comunidade. É nesse aglomerado de indivíduos, um mundo de 7 bilhões de pessoas diferentes, onde há uma espécie de pandemia de uma grande fome espiritual, na qual alguns se abrem e se apegam ao simbolismo e, outros, ao poder da natureza.

É justamente nesse contexto natural que algumas pessoas relatam uma "realidade ampliada", que eu interpreto como estar consciente e ao mesmo tempo sentir a presença de algo que nos guia e nos protege rumo ao nosso "porto seguro". Alguns diriam que essa prática seria a "busca da iluminação, do *dharma*, das mais elevadas verdades da vida, um caminho espiritual, uma forma peculiar Zen." (COFFEY, 2011, p. 32).

Não podemos negar que as circunstâncias e o ambiente no qual convivemos impactam de forma significativa sobre nossos comportamentos tanto ou até mais que a nossa genética. Para mim, correr nos bolsões verdes ou corredores verdes, como queiram chamar, é como experimentar um estado espiritual superior.

Não sou uma pessoa com hiperatividade, mas confesso que preciso de constantes estímulos de doses de exercícios físicos, como a corrida na trilha, que fazem uma retroalimentação negativa, inibindo minha ansiedade; e nesse sentido, pensando e atuando dessa mesma forma, quero ressaltar que não sou o único.

CAMINHOS PARALELOS

> *Assim, toda experiência contém um número indefinido de fatores desconhecidos, sem considerar o fato de que toda realidade concreta sempre tem alguns aspectos que ignoramos, uma vez que não conhecemos a natureza radical da matéria em si.* (JUNG, 2016, p. 21-2).

Alcançar vivências espirituais é um dos principais encantos que me empurram a cada dia para poder desfrutar dessas experiências e, quem sabe um dia, você que está lendo este livro poderá entender essa elocução que possivelmente é compartida por muitos, mas falada por poucos.

Alguns usam o jejum prolongado, outros as orações, plantas sagradas que expandem a consciência e até mesmo as "penitências" para encontrar com o seu mais profundo interior, o seu autoconhecimento; outros a encontram na atividade física exigente, como numa travessia de longa duração. Correr por longos períodos em paisagens naturais, sem pensar nas intensidades, não é considerado exercício físico de risco, salvo por onde você decide passar, como, por exemplo, colocar no seu trajeto uma escalada, uma descida por uma boca de uma gruta ou passar por rios e cavernas pouco exploradas.

Saindo um pouco do espiritual e entrando no biológico, no bioquímico, para decifrar o prazer, a euforia durante e após o exercício físico tem íntima relação com uma grande inundação cerebral de substâncias neurotransmissoras como a dopamina, endorfina e serotonina. Quando esses neurotransmissores interagem com seus respectivos receptores, principalmente no centro do prazer, o resultado é a satisfação, o bem-estar e isso reforça ainda mais aquelas atividades que fizeram com que essas reações ocorressem, podendo levar a um "vício pela atividade", tendo como consequência essa profunda satisfação.

Às vezes a procura por essa satisfação leva a nos sujeitarmos a um risco extremo, ou mesmo em situações de trabalho, de ocupação, como esportes radicais, nas quais ficamos no limiar da profunda satisfação diante de situações adversas. Nas grandes travessias, seja por atividade, esporte ou trabalho, dependendo de como se encara o desafio, pode-se chegar a sofrer de um certo pânico, e nesse estado de confusão alguns podem relatar que veem "fantasmas", o que não é fácil de ser comprovado. Esses fantasmas, feito que já foi descrito como o "Pânico da Montanha", e que me relembra a lenda da Maratona, é bastante popular naquelas regiões montanhosas ou de grandes bolsões verdes selvagens.

Essas sensações não poderiam ser alterações das percepções devido a encontrar-se em completa "solidão", realizando um esforço extremo e intenso em um lugar idílico?

Sentir-se tão diminuto diante dos elementos exacerbados em seu meio mais puro poderia incrementar essas percepções?

Não é de se estranhar que algumas pessoas que vivenciam essas experiências percebam a imponência da natureza de uma forma que os apavora. O "Fantasma da Montanha" ou o "Pânico da Montanha" seria o contrário daquelas experiências benignas do "Guardião" ou o "Terceiro Homem" ou mesmo da sensação de se estar plenamente integrado, sendo uma parte da natureza!

Experiências como as de Shackleton foram contadas por vários montanhistas e atletas de esportes radicais, e são conhecidas hoje como o "Fator Terceiro Homem" descrito por John Geiger (2009). Às vezes são delineadas por pessoas que sofreram grandes traumas e estiveram próximas da morte ou vivenciaram experiências de quase morte; os relatos são semelhantes e fazem referência a uma presença, uma espécie de guardião.

Esse "Anjo da Guarda", "Guardião" o "Terceiro Homem"... estaria no limiar de uma explicação entre a alucinação e a intervenção divina?

Seria então o "Terceiro Homem", como disse Reinhold Messner, ou mesmo de forma mais direta, a "Providência", uma divindade, conforme relatado em seu diário por Shackleton?

Para entender esse limiar das possíveis alterações das percepções, seria interessante ler o que Maurice Merleau-Ponty escreveu:

> Se o mito, o sonho, a ilusão devem poder ser possíveis, o aparente e o real devem permanecer ambíguos

no sujeito, assim como no objeto. Frequentemente se disse que, por definição, a consciência não admite a separação entre a aparência e a realidade, e isso era entendido no sentido de que, no conhecimento de nós mesmos, a aparência seria realidade: se penso ver ou sentir, sem dúvida penso ou sinto, o que quer que seja do objeto exterior. Aqui, a realidade aparece inteira, ser real e aparecer são um e o mesmo, não há outra realidade senão a aparição. Se isso é verdade, está excluído que a ilusão e a percepção até mesmo tenham aparência, que minhas ilusões sejam percepções sem objeto ou minhas percepções sejam alucinações verdadeiras. A verdade da percepção e a falsidade da ilusão devem estar indicadas nelas por algum caráter intrínseco, pois de outra forma o testemunho dos outros sentidos, da experiência ulterior, ou de outrem, que permaneceria o único critério possível, tornando-se por sua vez incerto, nós nunca teríamos consciência de uma percepção de uma ilusão enquanto tais. Se todo o ser de minha percepção e todo o ser de minha ilusão estão em sua maneira de aparecer, é preciso que a verdade que define uma e a falsidade que define a outra também me apareçam. Portanto, entre elas haverá uma diferença de estrutura. A percepção verdadeira será simplesmente uma verdadeira percepção. A ilusão não o será, a certeza deverá estender-se da visão ou da sensação como pensamentos à percepção como constitutiva de um objeto. A transparência da consciência acarreta a imanência e a absoluta certeza do objeto. Todavia, é próprio da ilusão não apresentar-se como ilusão, e aqui é preciso que eu possa, se não perceber um objeto irreal, pelo menos perder de vista sua irrealidade; aqui é preciso que haja pelo menos inconsciência da impercepção, que a ilusão não seja aquilo que parece ser e que por uma vez a realidade de um ato de consciência esteja para além de sua aparência. (MERLEAU-PONTY, 1994, p. 395-6).

Pode ser que Maurice Merleau-Ponty, nesse fragmento do livro intitulado no Brasil de "Fenomenologia da percepção" (1994), da editora Martins Fontes, nos confunda um pouco ao tentar dar uma explicação mais técnica de algo intangível como esse processo tão complexo que envolve o biológico, a espiritualidade e o estado psíquico.

Por outra parte, é interessante ler o que descreveu o psiquiatra Dr. Carl Gustav Jung, no livro "O Homem e seus Símbolos", publicado no Brasil pela Harper Collins (2016):

> A consciência é uma aquisição muito recente da natureza e ainda está num estágio "experimental". É frágil, sujeita a ameaças de perigos específicos e facilmente danificável. Como os antropólogos já observaram, um dos acidentes mentais mais comuns entre os povos primitivos é o que eles chamam "a perda da alma" – que significa, como bem indica o nome, uma ruptura (ou, mais tecnicamente, uma dissociação) da consciência.
>
> Entre esses povos, para quem a consciência tem um nível de desenvolvimento diverso do nosso, a "alma" (ou psique) não é compreendida como uma unidade. Muitos deles supõem que o homem tenha uma "alma

do mato" (bush soul) além da sua própria, alma que se encarna num animal selvagem ou numa árvore com os quais o indivíduo possua alguma identidade psíquica. É a isso que o ilustre etnólogo francês Lucien Lévy-Bruhl denominou de "participação mística"... é um fenômeno psicológico bem conhecido aquele de um indivíduo identificar-se, inconscientemente, com alguma outra pessoa ou objeto... qualquer mal causado à alma do mato é considerado uma ofensa ao homem. (JUNG, 2016, p. 23).

Para alguns psicólogos, isso poderia constituir "experiências de psico", ou o que eu diria estar na zona da morte e deixar fluir como na zona Zen, e não necessariamente um estado de conforto!

Levando em consideração a "alma do mato", como experiência própria, não tenho um animal selvagem, mas me sinto identificado com minha cachorrinha Laya, uma pastorinha boiadeira-australiana (*blue heeler*) companheira nas caminhadas/corridas nas trilhas. Para ela existe uma sombra com parada obrigatória para o nosso descanso, a de uma planta conhecida como lixeira (*Aloysia virgata*) no final de uma subida das trilhas mais transitadas por nós. Não saberia dizer o que lhe passa na cabeça, mas na minha, eu penso sempre numa sombra reconfortante e recuperadora. Hoje é um lugar ansiado nas nossas "travessias" e desde lá observamos a cidade de Palmas (TO) com seu exuberante espelho de água do lago, fruto da represa do rio Tocantins, e o pôr do sol maravilhoso, amenizando o calor sufocante, com o vento fresco vindo da Serra do Lajeado.

Às vezes entramos nesse estado de silêncio contemplativo ou na fluidez do se deixar levar devido à elaboração e "sincronização" de um conjunto de destrezas quando estamos focados em uma ação.

Nós não vemos somente com os olhos, mas também com o cérebro; isso é a imaginação. Estamos familiarizados com essas formas de ver, são nossas próprias imaginações. As alucinações são completamente diferentes, pois não parecem estar sob nosso controle; elas parecem vir do exterior e imitar a percepção.

Viver o agora e colocar sua atenção absoluta na execução de um ato é sentir o que se preconizam as tradições espirituais, na sua maioria. Às vezes, representa o seu contato com o sagrado.

E para entender toda essa estrutura de "percepções", "alucinações", o "Fantasma da Montanha" e o "Terceiro Homem" ou até mesmo estar na zona da morte e aguçar todos os seus sentidos, interagir com a natureza e sentir essa "presença", o melhor que temos a fazer é seguir o que disse Oliver Sacks: "o poder das alucinações só pode ser entendido a partir de relatos em primeira pessoa" (SACKS, 2013, p. 14). Desde o ponto de vista biológico, ele descreve:

> As variações nas habilidades (por exemplo da função visual), essas oscilações são típicas de qualquer sistema neural que sofreu lesão, independentemente da causa [...] em um sistema lesionado há menos redundância, e ele é mais facilmente perturbado por fatores adventícios como fadiga, estresse, medicação

ou infecção [...] Todos nós vivemos em um mundo de visões, sons e outros estímulos, e nossa sobrevivência depende de fazermos uma rápida e acurada interpretação deles [...] O reconhecimento é baseado no conhecimento, e a familiaridade, no sentimento, mas um não traz o outro. Cada qual possui uma base neural distinta, e eles podem ser dissociados; assim, embora ambos sejam perdidos juntos na prosopagnósia, é possível ter familiaridade sem reconhecimento ou reconhecimento sem familiaridade em outras condições. O primeiro caso ocorre no déjà-vu e também na hiperfamiliaridade [...] Para os neurologistas, existem as alucinações visuais simples ou elementares e as alucinações complexas. Nas simples, ocorrem alucinações de cores, formas e padrões; nas complexas, pode haver figuras, animais, rostos, paisagens [...] A cegueira profunda é como um mundo autêntico e autônomo, um lugar tanto especial [...] ser alguém que vê com o corpo todo é estar em uma das condições humanas concentradas [...] significa transferir sua atenção, seu centro de gravidade, para os outros sentidos, e estes assumiram então uma nova riqueza e poder. (SACKS, 2010, p. 36, 72, 98 e 180).

Nesse fragmento do livro "O olhar da mente", publicado no Brasil pela editora Companhia das Letras (2010), Oliver Sacks explica os processos que podem levar à alteração das percepções em pessoas que sofreram lesões neurológicas, mais precisamente com acometimento das zonas responsáveis pela visão.

Em outro livro de Oliver Sacks, intitulado "A mente assombrada", também da editora Companhia das Letras (2013), Sacks é mais categórico, com relação às alucinações, principalmente as visuais (fantopsia) nos processos orgânicos, e diz:

> As definições precisas da palavra "alucinação" ainda variam consideravelmente, sobretudo porque nem sempre é fácil discernir as fronteiras entre alucinações, erro de percepção e ilusão [...] Diante de alucinações você é passivo e impotente: elas acontecem a você, autonomamente; aparecem e desaparecem quando bem entendem, e não quando você quer [...] Por exemplo na Síndrome de Charles Bonnet o cérebro se recusa a aceitar o fato de que existe perda visual e preenche a lacuna. As alucinações da Síndrome de Charles Bonnet, embora sejam projetadas no espaço externo, são marcadas pela ausência de interação; são sempre silenciosas e neutras, e raramente transmitem ou evocam qualquer emoção. Restringem ao visual; não têm sons, nem odores, nem sensações táteis. São remotos, como imagens na tela de um cinema em que se entrou por acaso. O cinema está na nossa mente, mas as alucinações não parecem ter relação com a pessoa em nenhum sentido profundamente pessoal. Uma das características que definem as alucinações da Síndrome de Charles Bonnet é a preservação do discernimento, a percepção de que uma alucinação não é real [...] A capacidade de uma pessoa para avaliar suas próprias percepções ou alucinações, porém, pode ser comprometida se existirem outros problemas

básicos no cérebro, em especial aqueles que danificam os lobos frontais, pois estes são a sede do julgamento e da autoavaliação. Isso pode ocorrer transitoriamente, por exemplo, com um derrame ou trauma cranianos, na febre ou delírios, com desidratação ou privação de sono, desequilíbrios metabólicos, medicações e toxinas. Em tais casos, o discernimento retornará assim que o funcionamento cerebral retornar à normalidade. (SACKS, 2013, p. 9-10, 24 e 36).

Pessoas que participam de ultramaratonas, grandes travessias e até mesmo aviadores e marinheiros podem passar por um processo de "privação sensitiva", que seria uma espécie de "monotonia visual".

Essa monotonia acontece quando estamos exercendo uma atividade por longo período ou até mesmo por dias em paisagens extensas e imutáveis em circunstâncias como voar, navegar por um mar calmo, caminhar e correr pelo deserto ou neve. Essa privação sensitiva pode provocar um efeito semelhante ao da privação visual e produzir alucinações. Com relação a essa privação sensitiva, Sacks descreve como "O Cinema do Prisioneiro":

> O cérebro precisa não só de informações perceptuais, fornecidas pelos sentidos, mas também de mudança perceptual, e a ausência de mudança pode causar não apenas lapsos de vigilância e atenção, mas também aberrações perceptuais. Não é necessário que a privação visual seja total para produzir alucinações; a monotonia visual pode ter efeito bem parecido [...] A privação de

sono por mais de uns poucos dias causa alucinações, e
o mesmo efeito pode ter a privação de sonhos, ainda que
o sono esteja normal em outros aspectos. Quando isso é
combinado com exaustão ou estresse físico extremo, pode
tornar-se uma fonte ainda mais poderosa de alucinações
[...] A Síndrome de Charles Bonnet, a privação sensitiva,
o parkinsonismo, as enxaquecas, a epilepsia, as intoxicações por drogas e hipnagogia, parece haver no cérebro um
mecanismo que gera ou facilita a alucinação (um mecanismo fisiológico primário, relacionado a irritação local,
"liberação", distúrbios de neurotransmissores ou seja lá o
que for) e que não tem muita relação com as circunstâncias, o caráter, as emoções, as crenças ou o estado mental
do indivíduo [...] (SACKS, 2013, p. 42, 49 e 208)

Apoiar nas referências de Oliver Sacks, com relação a esse tema, foi para mim sumamente importante, não só porque ele foi um grande neurologista, reconhecido internacionalmente, mas também pela forma e estilo de escrever temas da sua área que nos facilita o entendimento. As analogias de Sacks dos processos cerebrais, e quem sabe espirituais, ficariam resumidas da seguinte forma:

> Todos nós alguma vez já tivemos a impressão de
> que existe alguém, à esquerda ou à direita, ou talvez logo
> atrás de nós. Não é apenas uma vaga impressão; é uma
> sensação distinta. Podemos nos virar para surpreender a
> figura sorrateira, mas não ver ninguém. No entanto, é
> impossível descartar essa sensação, mesmo se repetidas
> experiências nos houverem ensinado que esse tipo de

presença sentida é uma alucinação ou ilusão. A sensação é mais comum quando estamos sozinhos no escuro, talvez em um ambiente desconhecido, hiperalertos. Ela é bem familiar para os montanhistas e exploradores polares, onde a vastidão e o perigo do terreno, o isolamento e a exaustão e o oxigênio reduzido nas montanhas contribuem para essa impressão. A Presença sentida, o Companheiro Invisível, O Terceiro Homem, a Pessoa-Sombra, têm total percepção sobre nós, e intenções definidas, sejam benignas ou malignas. A sombra que nos segue tem alguma coisa em mente. E é essa sensação de intencionalidade ou capacidade de agir que nos traz calafrios ou produz um sentimento doce, tranquilo de estar protegido, de não estar só. A impressão de que há "alguém aqui" é mais comum nos estados hipervigilantes induzidos por algumas formas de ansiedade, por várias drogas e pela esquizofrenia, mas também pode ocorrer em doenças neurológicas [...] pode ocorrer uma impressão transitória de haver "alguém aqui" em crises de enxaqueca ou em convulsões epilépticas. Mas uma impressão muito persistente de uma presença, sempre do mesmo lado, sugere uma lesão cerebral. Isso também ocorre com experiências como "déjà-vu", que todos nós temos de vez em quando, mas que se forem muito frequentes, indicam um distúrbio convulsivo ou uma lesão cerebral [...] Assim, a impressão primal, animal do "outro", que talvez tenha evoluído para permitir a detecção de ameaças, pode assumir uma função elevada, transcende até, em seres humanos, como uma base biológica para a paixão e convicção religiosa, na qual o "Outro", a "Presença", torna-se a pessoa de Deus. (SACKS, 2013, p. 258-60 e 263).

Mas quem poderia ter a razão de sermos "observados"? Sacks ou Schackleton? Ambos ou nenhum?

E se os fatores que influenciam a nossa noção de tempo e espaço quando nos encontramos hiperalertas, hiperativados, excitados quando corremos durante longo tempo em ambientes naturais não fossem as alterações bioquímicas, estruturais nem psíquicas, mas sim o próprio meio que estamos?

Química no ar daqueles bolsões verdes!

O ar da floresta é sinônimo de saúde, ideal para quem deseja respirar ar puro ou praticar esportes em uma atmosfera limpa. E há um motivo para isso: as árvores agem como filtros de ar. As folhas e agulhas ficam expostas à corrente de ar e retêm partículas em suspensão (por ano filtram até 7 mil toneladas por metro quadrado de folhagem). Essa capacidade se deve à área ocupada pela copa: em comparação com um campo aberto de tamanho parecido, as árvores em uma área de superfície até 100 vezes maior, sobretudo por causa da diferença de tamanho entre a grama e as árvores. Nem toda substância filtrada é nociva, como a fuligem – as folhas também retêm o pó levantado do solo e o pólen. As partículas mais prejudiciais são as produzidas pelo homem: as copas acumulam ácidos, hidrocarbonetos tóxicos e compostos nitrogenados venenosos. No entanto, as árvores não só não filtram o ar como bombeiam substâncias nele, tanto para se comunicar quanto para se defender (os fitocidas). As florestas diferem muito umas das outras em função das espécies de árvores que contêm. (WOHLLEBEN, 2017, p. 195-7).

Algumas dessas "substâncias de defesa" que as árvores exalam, segundo Peter Wohlleben (2017), poderiam nos dar aquela sensação de mal-estar quando caminhamos por entre elas. Afortunadamente estas não são comuns; as boas sensações são mais frequentes e refrescantes. Como bem dizia Henry David Thoreau (1861), "a vida combina com o elemento selvagem. O mais vivo é o mais selvagem. Ainda não dominada pelo homem, a vida selvagem o refresca." (THOREAU, 2012, p. 75).

Quem sabe isso fosse uma ajuda para explicar e entender parte do que Oliver Sacks descreve, mas às vezes a magia que envolve esses temas deixa aquele ar enigmático na construção de nossas realidades!

ALÉM DA ZONA DA MORTE

Com a morte, não se perde nada daquilo que a alma adquiriu. As experiências que o homem fez nas vidas passadas tornam-se instintos e incitam-no ao progresso, até inconscientemente. (BHAGAVAD-GÎTÂ, 2006, p. 82).

A ultramaratonista Lorena Ramírez (2019), da comunidade Rarámuri das montanhas Tarahumara em Chihuahua (México), disse: "eu vou continuar correndo enquanto puder… e enquanto eu tiver forças".

Quando ela corre, parece que usa um mantra, uma combinação de poesia e natureza que a impulsiona adiante.

O que está fazendo, rarámuri? Ah, você está sussurrando.
Eu não lembrava. Eu tinha que ficar tão quieta. Silêncio […]
O que está fazendo rarámuri? Está sussurrando.
São apenas os vaga-lumes voando. É a luz deles.
Eles movimentam suas luzes. Eles acendem suas luzes.
Olhe para a Luz.
Siga a Luz… em silêncio.
(RAMÍREZ, 2019, tradução própria).

Realmente parece uma magia, algo maravilhoso nos envolve! É sublime desfrutar desses sentimentos e dos elementos que nos envolvem a cada momento quando realizamos essas atividades. Um "mundo paralelo" e exuberante se abre e só quem realmente sente poderá dizer.

Parece que seu corpo é apenas um instrumento, quem sabe aquela "máquina feita para o movimento", como disse Bramble D.M. (2004); e assim você vislumbra essa máquina trabalhando e ao mesmo tempo uma sensação de conforto, um silêncio, e o voo acontece!

Helena Petrovna Blavatsky (1889), em seu livro "A Voz do Silêncio", publicado no Brasil pela editora Teosófica (2018), descreveu:

> **311.** Contempla a luz suave que inunda o céu oriental. Céu e Terra unem-se em gestos de louvor. E dos poderes quadruplamente manifestado sobe um cântico de amor, tanto do Fogo brilhante como da Água corrente, da Terra perfumada e do Vento que passa. **312.** Escuta!... do profundo e insondável vórtice daquela luz dourada em que o Vencedor se banha, a voz sem palavras de toda natureza se ergue para em mil tons proclamar: **313.** Regozija-vos ó homens de *Myalba*. **314.** Um peregrino regressou da 'outra margem'. **315.** Nasceu um novo *Arhan*. **316.** Paz a todos os seres. (BLAVATSKY, 2018, p. 245-7).

Parece que quando realizamos essa tão intensa conexão com a natureza, nos transformamos, mudamos e somos outra pessoa.

A vida não é eterna! E a morte?

A morte é uma mudança?

Em setembro de 2018, quando fiz um *looping* de quatro dias caminhando e correndo pelo Jalapão, que chamei de Jalapão Ultra-Trail (JUTRA), juntamente a Alexandre Manzan, Laura Mira e Thomaz Tassinari, notei que a poesia surgia na minha mente enquanto corria. Tendo minha esposa como apoiadora dessa aparente "corrida sem sentido" pelo Deserto das Águas no Tocantins, foi a minha vez de relatar outra sensação:

> Diante de uma claridade imensa iluminada pelo sol causticante do Jalapão, sigo caminhando pelos seus sendeiros, ainda que tortuosos, conectando ponto a ponto.
>
> De repente vejo entre troncos e pedras, água! Corredeiras turbulentas de um rio! Nas suas areias, uma mulher de mirada fixa, vaga e distante. O que será que ela pensa? Ou espera?
>
> O vento sopra forte levantando folhas secas de um Cerrado castigado misturadas com suas areias acinzentadas pelas queimadas. Ciscos nos meus olhos pioram minha visão, mesmo assim corro na direção dela, mas quanto mais tento me aproximar, mais ela se afasta... meu peito dói, minha boca seca, tudo gira e tudo torna-se escuridão.
>
> Pressinto um calor na alma e meus lábios umedecem e um cheiro de ervas e flores me domina. Meu coração acelera! Ela está aqui!
>
> Abro os olhos e a vejo lá... longe... nas margens daquele rio, ainda a vejo entre troncos e pedras. Ela esteve aqui?

> Não importa, a minha esperança é alcançá-la, mesmo que para isso eu tenha que ir além do Horizonte.
> Mas o que é o Horizonte?
> Uma Utopia?
> Ela é a minha Esperança!
> Tenho que seguir meu caminho... (FRAUZINO, 2018).

Caminhar e correr no Jalapão nos provoca o inconsciente e nos leva a abstrações artísticas nunca antes imaginadas. Lugar maravilhoso, uma provocação contínua de pura poesia.

Nessa mesma linha de pensamento, nossa amiga e aventureira Laura Mira, uma das melhores triatletas *off-road* das Américas, e que compartilhou da "poesia" e exuberância do *looping* no Jalapão, nos relatou o seguinte:

> Conectando-me a lembranças de uma travessia inesquecível, pelos cantos mais inóspitos do exuberante Jalapão... Transbordo em palavras meus sentimentos e emoções...
> A primeira lembrança – de forma intensa como foi, que me vem à cabeça neste momento de compartilhar o que vivi, é do calor! O forte calor e o desafio... O desafio que nos move sempre! Que nos encanta, nos seduz, nos intriga e nos leva a estar em situações extremas para colocar corpo e mente a provas de fogo.
> O mesmo desafio que faz com que nos encontremos em lugares e momentos a questionar: "POR QUÊ?" Por que estou aqui? E esta questão, em grande parte das vezes, ou quase sempre, refere-se a muito mais do que

o espaço e tempo daquela aventura. Esta pergunta que transcende e ecoa na alma, sendo uma profunda indagação, nos acompanha desde nossas origens a muito além de nossa simples e rápida existência na Terra...

Por quê, para quê, de onde, para onde...?

Foram 137 km, 4 dias sobre nossos escaldados pés, 2 dias em veículos traçados, sob temperaturas médias de 42 graus... Por paisagens indescritíveis que apenas com coragem e bem-aventurança alguém poderia passar...

E pelo passar do tempo, nesta jornada que iniciou-se da curiosidade pela vida e da fome de desafio; quatro amigos aventureiros e uma linda, competente e envolvida equipe de apoio; somara 5 loucos a 4 malucos em uma tribo de ávidos exploradores.

Encontramos ali muito mais do que as respostas que cada um em si buscava... Saímos com outras inúmeras mais...

Transformados.

Lembro-me da sola de meu tênis derretendo no primeiro dia... Do raro e almejado alívio refrescante em cada uma, das celebradas veredas que passávamos. Das bolhas nos pés, da boca seca, da paçoca com banana na sombra dos buritizais. Da deliciosa cajuína... Do ir e vir rio Novo adentro e afora... Das araras... Do cansaço. Do medo e do querer... Do silêncio nos sorrisos exaustos, da vontade e da força que nos uniu a cada passo mais...

Grata. Extremamente grata!

Pelo sol que nos fez mais resistentes. Pela areia fofa que nos fez mais fortes. Pela receptividade de nossa equipe que ao final de cada dia que nos fez mais resilientes;

pela amorosidade e acolhimento deste grupo que nos abastecia de inspiração e nos fazia mais motivados a cada recomeço.

Pelo jantar simples que nutria corpo e alma, a barraca *roots* na beira do rio, o curativo milagreiro nos pés; Pelos abraços sinceros, prosas leves, pelo riso e por tudo que elevou nosso espirito ao final de cada dia deste ciclo. Deste, que sequer sabíamos ainda a dimensão no ciclo maior de cada aprendizado e experiência desta passagem.

Tudo fez sentido!

E no fim, ao fechamento de cada um, sempre faz!

Para mim: reconexão...

Com a terra, com o próximo, comigo.

Aquela aventura extrema e "insana" que faz todo sentido mesmo sem entregar qualquer resposta racional... Pois, afinal, não há uma que explique o sentimento e a sensação de morrer um pouco mais a cada passo, e ao mesmo tempo sentir-se mais vivo do que nunca!

OBRIGADA JUTRA. 137 km ampliando os sentidos da palavra "VIDA". (MIRA, 2020).

O Jalapão por si só nos deixa encantados e mexe com os nossos mais profundos sentimentos; realizar uma volta caminhando e correndo por praticamente toda sua extensão durante quatro dias e noites é pura magia!

Mas não só de alegrias e ilusões entramos numa expedição tão pesada como a do JUTRA, precisamos de uma equipe de apoio que nos dê suporte, nos garanta segurança e preserve nossa saúde. Eu convidei três amigos para entrarem nessa e queria minimizar os riscos de que algo desse errado e nos colocasse em perigo. Pedi que cada um tivesse seu material de primeiros auxílios; no meu, além do básico, fiz um estojo com injetáveis para processos alérgicos. Mas o que me deu mais segurança foi saber que contava com os apoiadores que estavam sempre em prontidão, além de uma pessoa muito especial e capacitada tecnicamente para esses eventos que fez a diferença: Juliana Marques Oliveira, enfermeira de confiança, que se manteve firme e pronta para tudo. Depois de tudo, ela também se mostrou transformada, e me disse o seguinte:

> No início de setembro de 2018 passei por uma experiência sensacional, para muitos pode ser rotulada como fora do normal por ter sido uma viagem de sete horas, onde uma parte não tem asfalto e proporcionou várias experiências como atolar os carros, viagens à noite, alimentação e descanso um pouco fora da rotina. Porém, quando existe o trabalho em equipe, um ótimo astral das pessoas envolvidas e um único objetivo, todo o processo se torna agradável, divertido e o resultado esperado ocorre de forma mais tranquila. Foram dias de transformação pessoal onde os locais e as pessoas envolvidas proporcionaram entender que... Sabe aquele objetivo que você quer? Vai atrás... Sabe como? Conhecendo pessoas e experiências diferentes que vão te motivar a cada dia ser mais persistente, dedicado, ter maior inspiração para fazer o que gosta, aumentar o foco diante das dificuldades e valorizar o trabalho em equipe para que a eficiência aconteça através da habilidade, talento e resiliência de cada profissional envolvido. Com certeza participaria

novamente, não apenas de uma expedição como a JUTRA, mas sim de outras experiências para ampliar e trocar conhecimentos, e treinar a desviar das dificuldades para tornar-me um indivíduo melhor para oferecer aos outros o melhor de acordo com as suas necessidades. Diante de tudo que aconteceu, não tem preço o aprendizado e a mudança! (OLIVEIRA, 2018).

O nome Jalapão vem da jalapa (*Operculina macrocarpa*), batata-de-purga, uma espécie de tubérculo purgante nativo do Brasil encontrado em certos biomas como o cerrado tocantinense e que deu nome àquela localidade da porção leste do Tocantins, divisa com o Maranhão, o Piauí e a Bahia. O Parque Estadual do Jalapão, com gestão do Instituto Natureza do Tocantins (Naturatins), foi criado pela Lei Estadual 1.203, de 12 de janeiro de 2001, e pertence à categoria de Unidades de Conservação de Proteção Integral do Estado do Tocantins. Esse parque representa um importante patrimônio ecológico nacional, uma vez que é atravessado por diversas sub-bacias que disponibilizam uma expressiva oferta de recursos hídricos para o Rio Tocantins. Essas sub-bacias distribuem-se territorialmente na zona leste tocantinense, local de marcada fragilidade de recursos econômicos e humanos.

E foi lá que terminei a jornada de um sonho de infância, após ter realizado o Projeto Six de travessia no Parque Nacional de Itatiaia e Serra Fina também com meu amigo Thomaz Tassinari, Germano Viegas, Charles Llosa e Alberto Guimarães (FRAUZINO; TASSINARI, 2019). No Jalapão vislumbrei vários horizontes, e com sensações de que eu havia alcançado "Além do Horizonte", como cantado por Roberto Carlos e Erasmo Carlos. Para mim foi como disse meu irmão Marivaldo Cavalcante Frauzino, citando nosso pai: "quem sabe você tenha alcançado o 'Sétimo Céu'!".

No sentido mais estrito da palavra, o horizonte seria uma linha circular; esse espaço terrestre que a vista abrange, que termina sem nenhuma obstrução e que parece uma junção do firmamento com a Terra!

Céu e mar?

Ou os meus horizontes são as linhas que delimitam minhas experiências?

Ou ambas... quem sabe.

Segundo Amyr Klink, "o horizonte é a linha perfeita e segura, fronteira do destino que se renova eternamente e que abriga nossos objetivos" (KLINK, 2016, p. 47).

Às vezes penso que o horizonte é uma utopia!

A utopia pode ser entendida como um sonho irrealizável, uma ideia generosa, contudo impossível de ser realizada... uma fantasia! Uma quimera!

> Sair é Vida, entrar é morte. Três entre dez são companheiros na vida; três entre dez são companheiros na morte. Três entre dez são homens que vivem e assim caminham para o lugar da morte. Qual a razão disso? É que eles desejam dar um sentido mais elevado às suas vidas. Ouvi dizer que quem sabe viver bem a

vida caminha pelo mundo sem encontrar rinocerontes ou tigres. Atravessa um exército sem evitar as couraças ou as armas. O rinoceronte nada encontra em que cravar seu chifre. O tigre não encontra onde cravar as garras. A arma não encontra onde cravar lâmina. Por que é assim? Porque o Sábio não tem pontos vulneráveis. (LAO-TZU, 2006, p. 89).

Não sou sábio e tenho pontos vulneráveis, mas quando caminho e corro e me encontro na minha zona Zen, principalmente nas travessias, sempre olho o horizonte; é lá que fixo meu olhar e me sinto confortável e protegido.

Naquela linha tênue, a luz do sol nascente, do levante, do oriente, desenha a crista das montanhas, quando vou para o leste; e é para aquele horizonte que eu vou. Quando chego no cume, vejo que a linha se distanciou, mesmo que o agora já não seja um sol nascente no meu horizonte, mas um poente que projeta a minha sombra na sua direção (do belo horizonte). Não desanimo – sei que ele existe –, e que pode ser sim uma utopia, mas esta também deve existir, porque é ela quem inspira as minhas esperanças.

O que torna tão difícil às vezes decidir para onde vamos caminhar? Acredito que existe um magnetismo sutil na natureza que, se cedermos inconscientemente, nos dará a direção certa. Não nos é indiferente para onde caminhamos. Existe um caminho certo; mas estamos muito sujeitos, por negligência e estupidez, a tomar o caminho errado. Gostaríamos de fazer aquela caminhada, jamais feita por nós neste mundo real, que é perfeitamente simbólica da trilha que adoramos seguir no mundo interior e ideal; e, às vezes, sem dúvida, achamos difícil escolher nossa direção, porque ela não existe ainda distantemente em nosso pensamento. (THOREAU, 2012, p. 62).

Tanto o horizonte quanto a utopia me inspiram e me alimentam para seguir meu caminho. E, nisso, eu compartilho de um pensamento de Galeano, que disse: "A minha utopia é o meu horizonte [...] Eu já entendi para que serve a minha utopia. A minha utopia não serve para que eu chegue até ela, mas para me impedir de parar de caminhar" (*apud* CORTELLA, 2013 p. 29).

No meu caminho, eu sei qual é o meu horizonte.

Ele é o meu norte, que pode ser o leste, o oeste, o sul ou qualquer outra direção na mistura ordenada das Rosas dos Ventos ou desordenada de um cata-vento...

Quem sabe a de um moinho de vento de Quixote!

Como desfrutar de uma caminhada quando nossa atenção está voltada à tagarelice mental? É importante prestarmos atenção ao que *sentimos*, não apenas ao que pensamos. Quando tocamos nossos pés no solo, devemos ser capazes de sentir que estão estabelecendo contato com o chão. Fazendo isso, podemos sentir muita alegria com o mero ato de estarmos caminhado. Quando caminhamos, podemos investir todo o nosso corpo e mente em nossos passos e nos concentramos plenamente em cada momento precioso de Vida.

Focando esse contato com a Terra, paramos de ser arrastados por nossos pensamentos e começamos a experimentar nossos corpos e o meio em que vivemos de uma maneira completamente diferente. E nossos corpos são uma maravilha! O seu funcionamento é o resultante de milhões de processos. (HANH, 2016, p. 44).

Caminhar e correr pelos bolsões verdes, trilhas e montes é entrar em contato com o sagrado. Eu, eu mesmo, minha sombra e o "outro". É aguçar os sentidos, fortalecer o corpo, a mente e, sobretudo, o espírito. É me levar a realizar meus sonhos, e a esperançar novos horizontes. Não temer a vida nem a morte e deixar fluir minha sensibilidade.

Você já caminhou/correu por esses bolsões para vislumbrar seus horizontes?

Com quem o fez por esses limiares?

Volto a citar Scott Jurek: "estou convencido de que muita gente corre ultramaratonas pelo mesmo motivo pelo qual toma 'substâncias'..." (JUREK; FRIEDMAN, 2013, p. 248, tradução própria).

A quais substâncias se referia Scott Juerk (2013)? E a quais neurotransmissores e toxinas se referia Oliver Sacks (2013)?

Algumas plantas medicinais, consideradas sagradas por alguns povos, apresentam substâncias que agem como neurotransmissores e alteram o estado mental e expandem a consciência, conhecidas como enteógenas, usadas há milhares de anos por povos tradicionais de diferentes culturas e que, hoje, são frutos de pesquisas científicas nessa área.

> Ao longo dos séculos, ao redor do mundo, sociedades criaram suas próprias tradições sobre plantas medicinais e sua utilização. Certas tradições, certos usos, podem parecer estranhos, mágicos, outros racionais, sensatos, mas todos são tentativas de vencer doenças e queixas e melhorar a qualidade de vida. (CHEVALLIER, 2017, p. 9).

A medicina atual está preparada para absorver essa espiritualidade?

O que diria Hipócrates hoje? Escreveria ele um novo livro "Sobre o Riso e a Loucura"?

Nós aceitamos esse sagrado da mesma forma que aceitamos os problemas mentais?

Para Esther Jean Langdon (2009), "um grande problema em aceitar os sistemas médicos de outras culturas é devido ao preconceito implícito do profissional para quem somente um sistema, o nosso, é universal e verdadeiro, e os outros são inválidos" (*apud* BECKER *et al.*, 2009).

Às vezes, caminhar e correr na natureza é absorver algo enteógeno! Em alguns momentos parece que há uma expansão da consciência.

Quem sabe essa forma de caminhar/correr nos bolsões verdes seria um novo modelo terapêutico baseado na nossa ancestralidade focado na saúde mental e espiritual?

Povos tradicionais poderiam "enxergar" com outro significado! Algumas comunidades indígenas entendem que no cair da noite não podem sair na floresta devido aos "espíritos" que perambulam pelos bosques. Para outras, essas incursões nos bosques podem ser rituais; sendo esses construídos historicamente nessas culturas como cura espiritual.

Quem sabe esse trabalho, essa atividade nos meios naturais, respeitando as sombras, as "trevas" e o isolamento, provocaria transformações individuais profundas e poderia levar ao autoconhecimento e a compreender melhor o perdão, o desapego e a gratidão!

Jamling Tenzing Norgay, quando se referia as peregrinações à deusa Miyolangsangma, que vive na montanha mais alta do mundo, o Everest, com 8.848 metros de altitude na cordilheira do Himalaia, juntamente às "Cinco Irmãs da Longa Vida", que habitam cinco picos situados num raio de 60 quilômetros do Everest e que também simbolizam "as essências puras dos cinco elementos – ar, céu, terra, água e fogo", disse:

> Uma das razões de as pessoas irem à montanha é a vontade de experimentar a pureza desses elementos – dessas deusas – em sua forma desobstruída. Na montanha, os apegos mundanos são deixados para trás e, na ausência de distrações materiais, abrimo-nos para o pensamento espiritual. Quando contemplamos

o oceano, ou olhamos para o céu e para as nuvens, ou até mesmo para o paredão de pedra de uma montanha, nossa mente sente dificuldades em rotular. O que, na verdade, estamos vendo? Não há ali uma coisa real – apenas cor e forma. E quando paramos de dar rótulos ao que vemos, um sentimento de paz preenche esse vácuo, nos levando um passo adiante na compreensão do vazio.

Nas escaladas, a presença de espírito necessária em situações de perigo de fato faz com que, naturalmente, alcancemos um estado de total concentração, e é essa concentração que gera a consciência e o sentimento de estarmos plenamente vivos. Cada ação tem significado, porque cada movimento é uma questão de vida ou morte. (NORGAY, 2002, p. 228-9).

Essas sensações são impressionantes! Seria um efeito mágico para tratar certas pessoas, usando o movimento do caminhar e correr na natureza para melhorar a mente e, quem sabe, a "Presença" trabalharia a seu favor e melhoraria seu espírito.

Temos que valorizar uma atividade dessas caraterísticas. Não precisa ser uma ultramaratona, *trekking* de grandes altitudes nem escaladas de alto nível; pode ser com o simples fato de caminhar na natureza, nadar, remar, pedalar... você saberá que essas atividades nesses lugares serão consideradas sagradas, corretas, iluminadas, do bem e que estaremos mais próximos do que seria essa "Presença", daremos valor à "não existência" e poderemos viver plenamente.

Como disse Lou Marinoff, em seu livro "O poder do Tao: encontrando serenidade em tempos de mudança", publicado no Brasil pela editora Prumo (2013):

> O reconhecimento da não existência nos permite existir de forma mais plena. E precisamos confrontar o vazio para chegar àquela plenitude [...].
> Uma mente serena surge quando um ego é esvaziado. Uma vida é alegre quando um temor da morte é esvaziado. Focalizando o vazio, reconhecemos a plenitude [...].
> Confrontando nossa mortalidade, podemos habitar um espaço sereno [...].
> Como dormir, vida e morte são como sonhos. "A realidade" pode desaparecer e se transformar em outra realidade em um ciclo infindável. Neste momento estamos vivos, especulando sobre a morte. Mais tarde estaremos mortos, possivelmente especulando sobre a vida. (MARINOFF, 2013, p. 178-9).

O impacto da caminhada/corrida nos bolsões verdes, para a saúde, é positivo; e eu diria que esse impacto é muito complexo, porque as pessoas que participam dessas atividades sentem-se melhor consigo mesmas, tanto no corpo como na mente, interagem com outras pessoas, preservam o meio ambiente. Todo esse conjunto resulta em uma saúde ambiental e preservação sustentável na comunidade que se integra.

Para alguns povos da floresta como os Timbira, que habitam hoje, em sua maioria, os estados do Maranhão,

Pará, Piauí e Tocantins (Brasil), a corrida de tora é uma ferramenta de preparação do corpo, mente e espírito. Realizam uma atividade entre duas equipes que podem percorrer uma média de 3 quilômetros desde a mata, nos arredores da aldeia, até o pátio central de dita aldeia, carregando uma tora cilíndrica de 50 centímetros de diâmetro, 1 metro de comprimento e peso de até 100 quilogramas, medidas essas que podem variar segundo o tipo de cerimônia e grupos étnicos dos Timbira. A corrida de tora tem um simbolismo variado em cada evento, como a prova de força, ginástica, casamento; e a que mais me chamou a atenção foi da festa dos mortos.

Alguns historiadores a descrevem como uma "carreira louca: gritando e incitando, soprando trombetas e pífaros, os índios pulam como veados, com enfeites de palha esvoaçando, sobre moitas de capim e pequenos arbustos" (NIMUENDAJÚ, 1934) e que sem parar vão transferindo a tora de um para outro de sua equipe. Esse mesmo autor descreve um dos momentos cruciais dessa corrida:

> Arfando miseravelmente, com os membros tremendo, o melhor corredor está sentado em sua tora enquanto um velho com cara de perito lhe massageia braços, pernas e corpo. Sossegam apenas por um instante. Depois a equipe segue, naturalmente andando a trote, para a casa do seu antes melhor corredor, falecido há um ano em uma viagem, celebrando ali uma lamentação pelo morto [...].
>
> Não se pode ver nem rostos amofinados, nem triunfantes, pois para os Timbira, o esporte é a finalidade em

si, e não um meio para a satisfação de sua vaidade pessoal. Cada um fez, correspondentemente às suas forças, todo o possível. (NIMUENDAJÚ, 1934).

Outras corridas de toras são realizadas com fim nem tanto esportivo, mas iniciático para os jovens das comunidades; toras não tão pesadas, mas com um certo simbolismo. São pequenas toras com aproximadamente 25 centímetros e até meio quilograma, conhecidas como as "toras de corrida das almas dos mortos", em que, conforme explica Curt Nimuendajú (1934), "o objetivo de todo *Ketuaye* era levar os meninos à útil, porém perigosa para os inexperientes, comunhão com as almas dos mortos".

Desconhece-se ao certo como se iniciaram as corridas de toras. Supõe-se que foi como forma de preparação, na dedicação de carregar e retirar com segurança os feridos e mortos, durante os duros enfrentamentos com inimigos, para serem melhor tratados ou enterrados seguindo a cerimônia de seus ancestrais na aldeia.

O que diria meu amigo Carles Amagat ("desencarnado há mais dez anos") nesse momento?

Nós, médicos de família, devemos partir para os terrenos rumo a novos caminhos do conhecimento sem esquecer nossa formação, nossa ancestralidade e nem o processo evolutivo da medicina humana e seu conjunto de saúde ambiental, comunitária, familiar, corpo, mente e espírito.

Temos não só que respeitar essa aparente pequena corrida sem sentido, para mim sagrada (eu, eu mesmo, a minha sombra e o outro), mas também garantir que pessoas possam fazê-la com saúde e segurança.

Transcrevo as palavras do colega Dr. Josep Lloveras i Vives, publicadas no folheto do Colégio Oficial de Médicos de Girona (Girona, Espanha; 2010), dedicadas a Carles Amagat i Comas:

> Amic, tinc la ferma esperança que, malgrat els dubtes que aquestes situacions tan injustes ens provoquen, un altre dia tornarem a retrobar-nos i que des d'allà on ets ens ajudaràs a fer camí.
> ...que ja no será el mateix que amb tu.
> ...però que continuará per sempre portant la teva llum, el teu esperit i la teva forma de ser.
> No t'oblidarem mai! (VIVES, 2010).

> Amigo, tenho a firme esperança de que, apesar das dúvidas que essas situações tão injustas nos causem, outro dia nos reencontraremos e que desde onde você estiver, você nos ajudará a fazer o nosso caminho.
> ... que já não será o mesmo que com você.
> ... mas que continuará para sempre levando a sua luz, o seu espírito e o seu modo de ser.
> Jamais lhe esqueceremos! (VIVES, 2010, tradução própria).

Palavras fortes, dedicadas ao nosso amigo em comum, que nos levam a lembrar a Luz, o Reencontro, o Espírito...

temos que ter essa fé, acreditar no que sentimos e seguir essa magia, porque é isso que nos alimenta; é esse amor fraternal ao próximo que nos mantém conectados com "um mundo paralelo". Às vezes a ciência não consegue demostrar tudo, e às vezes é melhor assim, em algumas situações, porque isso alimenta a chama da nossa Luz interior. A vida não é eterna e a morte também não!

Duvida?

Duvide mesmo! Mas lute por descobrir.

Quem sabe nos encontraremos em uma "pequena corrida sem sentido" ou de tora, em alguma zona de mata desnivelada, de dia ou de noite, na horizontal?

...

Ou vertical!

AGRADECIMENTOS

Tenho que agradecer a tantas pessoas por suas contribuições diretas ou indiretas para a construção deste livro, embora reconheça que tive muitos receios de citar nomes, pelas injustiças que eu poderia cometer. Portanto, peço que releiam os relatos das pessoas que se abriram de coração com seus escritos e fixem em seus nomes que "plotei" no corpo do livro.

Em especial, sim, à minha esposa e grande companheira de tantas jornadas, Scyla Fortaleza Barreiros Frauzino, que me ensina a caminhar diariamente, firmando meu corpo, mente e espírito. Sem ela, dificilmente esta obra seria realizada.

REFERÊNCIAS

1. AMARAL, M. Relato oral e enviado por e-mail, 3 de ago. de 2017.
2. AMUNDSEN, R. Polo Sur. Relato de la expedición noruega a la Antártida del Fram, 1910 – 1912. España: Interfolio, 2017.
3. ANDERSON, C. TED Talks: o guia oficial do TED para falar em público. 1 ed. Rio de Janeiro: Intrínseca, 2016.
4. BARRIOS, D.S. Guia completo para corrida em trilha: tudo que você precisa saber para aproveitar ao máximo a sua corrida. São Paulo: Gente, 2009.
5. BECKER, S.G.; ROSA, L.M.; MANFRINI, G.C.; BACKES, M.T.S.; MEIRELLES, B.H.S.; DOS SANTOS, S.M.A. Dialogando sobre o processo saúde/doença com a Antropologia: entrevista com Esther Jean Langdon. Rev. Bras. Enferm. Brasília, 2009 mar.-abr., v. 62, n. 2, p. 323-6.
6. BERNAL, G.G.; RULFO, J.C.; RAMÍREZ, L. Documentário: Lorena la de píes ligeros. Netflix, 2019. Disponível em: https://www.netflix.com/br/title/80244683. Acesso em 15 de dez. de 2019.
7. Bhagavad-Gîtâ: a mensagem do mestre. 22 ed. São Paulo: Pensamento, 2006.
8. Bíblia Sagrada: Nova Tradução na Linguagem de Hoje. Barueri (SP): Sociedade Bíblica do Brasil, 2000.

9. BLAVATSKY, H.P. A Voz do Silêncio. 3 ed. Brasília: Teosófica, 2018.
10. BORGES, J.B. Relatos orais e enviados por e-mail, 22 de dez. de 2016.
11. CAVALCANTE, G. A Arte de desmantelar calendários. Enviado por e-mail, 27 de dez. de 2016.
12. CELESTRINO, J.O.; DOS SANTOS, A. Prática de atividade física entre escolares com sobrepeso e obesidade. Disponível em: http://www.mackenzie.br/fileadmin/Graduacao/CCBS/Cursos/Educacao_Fisica/REMEFE-5-especial-2006/art05_edfis5nE.pdf. Acesso em 29 de jan. de 2015.
13. CHEVALLIER, A. O grande livro das plantas medicinais. São Paulo: Publifolha, 2017.
14. COFFEY, M. Descobridores do infinito. São Paulo: Lafonte, 2011.
15. COICEIRO, G.A.; COSTA, V.L.M. Ultramaratona: em busca do limite humano. R. Bras. Ci. e Mov. 2010, v. 18, n. 3, p. 21-8.
16. CORTELLA, M.S. Não se desespere!: provocações filosóficas. 4 ed. Petrópolis, RJ: Vozes, 2013.
17. CORTELLA, M.S. Por que fazemos o que fazemos?: aflições vitais sobre trabalho, carreira e realização. 1 ed. São Paulo: Planeta, 2016.
18. CORTELLA, M.S. Qual é a tua obra?: inquietações propositivas sobre gestão, liderança e ética. 24 ed. Petrópolis, RJ: Vozes, 2015.
19. DA CRUZ, J. Se Correr o Bicho Pega. Anhanguera Discos, 2002.

20. DA CRUZ, M.F. Relato oral e enviado por e-mail, 9 de dez. de 2016.
21. DA SILVA, A.C. Relato oral e enviado por e-mail, 10 de mar. de 2020.
22. LIEBERMAN, D.E. et al. Foot strike patterns and collision forces in habitually barefoot versus shod runners. Nature. 2010, v. 463, p. 531-5. doi: 10.1038/nature08723.
23. BRAMBLE, D.M.; LIEBERMAN, D.E. Endurance running and the Evolution of Homo. Nature. 2004, v. 432, p. 345-52.
24. DIAS, R.B. Diretrizes de intervenção quanto à mudança de comportamento – A Entrevista Motivacional. Disponível em: https://www.nescon.medicina.ufmg.br/biblioteca/imagem/1731.pdf. Acesso em 12 de nov. de 2017.
25. Encantos do Jalapão. Disponível em: https://turismo.to.gov.br/regioes-turisticas/encantos-do-jalapao. Acesso em 30 de jul. de 2018.
26. GAVIN, F. Da cabeça aos pés: histórias do corpo humano. Rio de Janeiro: Zahar, 2017.
27. FRAUZINO, F.C. Palestra: Liderança e trabalho em equipe com Alexandre Bacil. Palmas (TO), 30 de jan. de 2019. Disponível em: https://www.instagram.com/p/BtRccnLhYcP/?igshid=1b4r1d0ordoo6.
28. FRAUZINO, F.C. Poema para Scyla no Jalapão. 18 de set. de 2018. Disponível em: https://www.instagram.com/p/BnteGJIByac/?igshid=1s4dtstbdjibb.
29. FRAUZINO, F.C. A corrida como prevenção das doenças de desajuste cardiovascular. Hipertensão:

Um olhar evolutivo. Trabalho de Conclusão de Curso (Pós-Graduação). Curso de Especialização em Cardiologia. Faculdade IPEMED de Ciências Médicas. Belo Horizonte, 2017.
30. FRAUZINO, F.C. Estratégias para inclusão da prática da corrida na promoção da saúde e na inclusão social na população jovem de Caseara (TO). Trabalho de Conclusão de Curso (Pós-Graduação). Curso de Especialização em Atenção Básica em Saúde da Família. Programa Mais Médicos, Universidade Federal do Maranhão, UNA-SUS. São Luís, 2015.
31. FRAUZINO, F.C. Palestra: A Medicina do Exercício e do Esporte na promoção da saúde. Semana da saúde e qualidade de vida, 2016. Tribunal de Contas do Estado do Tocantins. Disponível em: https://www.tce.to.gov.br/sitetce/images/SEMANA_DA_SAUDE__ATUALIZADO_2.pdf.
32. FRAUZINO, F.C.; TASSINARI, T. Cumes da Mantiqueira: Descobrindo a Mantiqueira desde a RPPN Alto-Montana da Serra Fina. Palmas: Clube de Autores, 2019. Disponível em: http://www.revistatrailrunning.com.br/noticia.php?idBlog=64.
33. GALLOWAY, J. Guía para el corredor de Montaña. Trail running. Madrid: Ediciones Tutor, S.A., 2015.
34. GARCIA, R.P. Relato oral e enviado por e-mail, 17 de dez. de 2019.
35. GEIGER, J.G. O Fator Terceiro Homem. O segredo de quem Sobrevive em Ambientes Extremos. Portugal: Publicações Dom Quixote, 2009.
36. GHORAYEB, N. et al. Diretriz em Cardiologia do

Esporte e do Exercício da Sociedade Brasileira de Cardiologia e da Sociedade Brasileira de Medicina do Esporte. Arq. Bras. Cardiol. 2013, v. 100, p. 1-41.
37. GINESTA, J.B. Relato oral e enviado por e-mail, 16 de mar. 2017.
38. GLEISER, M. O caldeirão azul: o universo, o homem e seu espírito. 3 ed. Rio de Janeiro: Record, 2019.
39. GROOM, W. Forrest Gump. São Paulo: Aleph, 2016.
40. HANH, T.N. Silêncio: o poder da calma em um mundo barulhento. 1 ed. Rio de Janeiro: HarperCollins Brasil, 2016.
41. HARARI, Y.N. Sapiens – Uma breve história da humanidade. Porto Alegre, RS: L&PM, 2018.
42. HERRIGEL, E. O caminho zen. 5 ed. São Paulo: Pensamento, 2010.
43. HIPÓCRATES. Sobre o Riso e a Loucura. Hipócrates. São Paulo: Hedra, 2011. p. 92.
44. HORIZONTE. *In*: MICHAELIS moderno dicionário da língua portuguesa. São Paulo: Melhoramentos. Disponível em: http://michaelis.uol.com.br/moderno-portugues. Acesso em: 19 de jul. de 2017.
45. HUDSON, H. et al. Carruagens de Fogo. Reino Unido: Warner Bros, 1981.
46. ITRA. Definição de Trail Run. Disponível em: https://itra.run/page/259/Definicion_del_trail. Acesso em: 19 de fev. de 2018.
47. JUNG, C.G. O homem e seus símbolos. 3 ed. Rio de Janeiro: HarperCollins Brasil, 2016.

48. JUREK, S.; FRIEDMAN, S. Correr, Comer, Vivir: La inspiradora historia de uno de los mejores corredores de todos los tiempos. Madrid: Ediciones Temas de Hoy es un sello editorial de Ediciones Planeta Madrid, S. A. 2013.
49. KENNEY, W.L.; WILMORE, J.H.; COSTILL, D.L. Fisiologia do Esporte e do Exercício. 5 ed. Barueri, SP: Manole, 2013.
50. KINUPP, V.F.; LORENZI, H. Plantas Alimentícias Não Convencionais (PANC) no Brasil: guia de identificação, aspectos nutricionais e receitas ilustradas. São Paulo: Instituto Plantarum de Estudos da Flora, 2014.
51. KLINK, A. Não há tempo a perder. Rio de Janeiro: Tordesilhas, 2016.
52. KLINK, A. Cem dias entre céu e mar. 1 ed. São Paulo: Companhia das Letras, 2005. Edição Companhia de Bolso, 2016.
53. LAO-TZU. Tao-te King: o livro do sentido e da vida. São Paulo: Pensamento, 2006.
54. LARSON, E.J. Um império de gelo: Scott, Shackleton e a Idade Heroica da ciência na Antártica. Porto Alegre, RS: L&PM, 2015.
55. LIEBERMAN, D.E. A história do corpo humano: evolução, saúde e doença. 1 ed. Rio de Janeiro: Zahar, 2015.
56. LOPES, P.A. Relato oral e enviado por e-mail, 16 de dez. de 2017.
57. MALACHIAS, M.V.B. et al. 7ª Diretriz Brasileira de Hipertensão Arterial. Arq. Bras. Cardiol. 2016, v. 107, p. 1-83.

58. SANTOS, E.C.L. et al. (editores). Manual de Cardiologia Cardiopapers. São Paulo: Atheneu, 2013.
59. MANZAN, A. Relato oral e enviado por e-mail, 18 de jul. de 2017.
60. MANZAN, A. Corta Mato Survival Run 2017. 18 de jul. de 2017. Disponível em: http://alexandremanzan.blogspot.com/2017/07/corta-mato-survival-run-2017. Acesso em 15 de dez. de 2018.
61. MARINOFF, L. O poder do Tao: encontrando serenidade em tempos de mudança. 1 ed. São Paulo: Prumo, 2013.
62. MARTINS, L.G. Relato oral e enviado por e-mail, 29 de mar. de 2017.
63. MCDOUGALL, C. Nascido para correr: a experiência de descobrir uma nova vida. São Paulo: Globo, 2010.
64. MÉNDEZ, M. Ciclismo Ninja. Barcelona, 2016. Disponível em: http://ciclismoninja.blogspot.com.es/2013/02/maraton-finisser.html. Acesso em 11 de dez. de 2016.
65. MERLEAU-PONTY, M. Fenomenologia da percepção. São Paulo: Martins Fontes, 1994.
66. MIRA, L. Relato oral e enviado por e-mail, 29 de jan. de 2020.
67. MURAKAMI, H. Do que eu falo quando eu falo de corrida: um relato pessoal. 1 ed. Rio de Janeiro: Objetiva, 2010.
68. NATURATINS. Parque Estadual do Jalapão completa 17 anos, no próximo dia 12. Disponível em: https://naturatins.to.gov.br/noticia/2018/1/10/par-

que-estadual-do-jalapao-completa-17-anos-noproximo-dia-12. Acesso em 30 de jul. de 2018.
69. NED, F. Corta Mato Survival Run 2017. Disponível em: http://www.cortamato.com.br/terceira-corta-mato-2017. Acesso em 12 de dez. de 2018.
70. NIEMAN, D.C. Exercício e saúde: teste e prescrição de exercícios. Barueri, SP: Manole, 2011.
71. NIMUENDAJÚ, C. Documenta. A corrida de Toras dos Timbira. MANA. 2001, v. 7, n. 2, p. 151-94.
72. NORGAY, J.T. Em busca da alma de meu pai: a jornada de um sherpa ao cume do Everest. São Paulo: Companhia das Letras, 2002.
73. OLIVEIRA, V. et al. A preparação física no atletismo nas provas de corridas de meio fundo e de fundo na cidade de Curitiba, Paraná. Disponível em: http://www.cbat.org.br/desenvolvimento/artigo_conselho/artigo8.pdf. Acesso em: 29 de jan. de 2015.
74. OLIVEIRA, J.M. Relato oral e enviado por e-mail, 25 de set. de 2018.
75. OLIVEIRA, R. Disponível em: https://m.facebook.com/story.php?story_fbid=1454775104539601&id=100000213767949. Acesso em 21 de dez. de 2019.
76. Organización Mundial de la Salud (OMS). Recomendaciones mundiales sobre actividad física para la salud. Ediciones de la OMS. Ginebra (Suiza), 2010. Disponível em: http://www.who.int/topics/physical_activity/es. Acesso em: 11 de dez. de 2016.
77. OSHO. Tao: sua história e seus ensinamentos. São Paulo: Cultrix, 2014.

78. OSHO. Zen: sua história e seus ensinamentos. São Paulo: Cultrix, 2016.
79. PEDERSEN, B.K.; SALTIN, B. Exercise as medicine – evidence for prescribing exercise as therapy in 26 different chronic diseases. Scand J Med Sci Sports. dez. de 2015, v. 25, p. 1-72. doi: 10.1111/sms.12581.
80. PÉREZ, O. La preparación en el corredor de montaña. De la iniciación al ultra trail. 3 ed. Alcalá la Real: Editorial Formación Alcalá, 2014.
81. PESCATELLO, L.S. American College of Sports Medicine. Guidelines for exercise testing and prescription. 9 ed. Philadelphia: Lippincott Williams & Wilkins, 2014.
82. Programa Atletismo Escolar Da CBAt. Disponível em: http://www.cbat.org.br/atletismo_escolar/default.asp. Acesso em: 29 de jan. de 2015.
83. PUNSET, E.; REDES TVE-2. Entrevista a Oliver Sacks. La complejidad de la mente, 2005. Disponível em: http://www.rtve.es/alacarta/videos/redes/30674-i10513-oliver-sacks-co--20150830121824182-web/3262562. Acesso em 15 de nov. de 2016.
84. ZEMECKIS, R. et al. Forrest Gump: O Contador de Histórias. EUA: Paramout Pictures, 1994.
85. ROBERTS WC. An agent with lipid-lowering, antihypertensive, positive inotropic, negative chronotropic, vasodilating, diuretic, anorexigenic, weight--reducing, cathartic, hypoglycemic, tranquilizing, hypnotic and antidepressive qualities. Am. J. Car-

diol. 1 de jan. de 1984, v. 53, n. 1, p. 261-2.
86. SACKS, O. A mente assombrada. 1 ed. São Paulo: Companhia das Letras, 2013.
87. SACKS, O. O olhar da mente. São Paulo: Companhia das Letras, 2010.
88. SCHACKLETON, E.H. SUR. Relato de la Expedición del Endurance y del Aurora 1914 a 1917 (La historia de supervivencia más grande jamás contada). España: Interfolio, 2014.
89. SCHMIDT, B. O médico. São Paulo: Editora CLA, 2016.
90. SCOTT, R.F. Diario del Polo Sur. El último viaje del capitán Scott 1910-1912. España: Interfolio, 2011.
91. SEKUNDA, N. Grandes batalhas: Maratona 490 a.C. Desafio Helênico à Pérsia. Barcelona: Osprey Publishing, 2010.
92. SERVAN-SCHREIBER, D. Anticâncer: prevenir e vencer usando nossas defesas naturais. 2 ed. Rio de Janeiro: Objetiva, 2011.
93. Sociedade Brasileira de Cardiologia; Sociedade Brasileira de Hipertensão; Sociedade Brasileira de Nefrologia. VI Diretrizes Brasileiras de Hipertensão. Arq. Bras. Cardiol. 2010, v. 95, n. 1, supl. 1, p. 1-51.
94. STEVEN, J.; PHILLIPS, E.M. ACSM's exercise is medicine: a clinician's guide to exercise prescription. Philadelphia: Lippincott Williams & Wilkins, 2009.
95. TASSINARI, T. Disponível em: https://m.facebook.com/thomaztassinari. Acesso em: 28 de out. de 2016.

96. TASSINARI, T. Relato oral e enviado por e-mail, 15 de nov. de 2016.
97. TED Ideas worth spreading. Oliver Sacks: o que as alucinações revelam sobre nossas mentes, 2009. Disponível em: https://www.ted.com/talks/oliver_sacks_what_hallucination_reveals_about_our_minds?language=pt-br#t-18376. Acesso em: 15 de nov. de 2016.
98. SEIXAS, R.; COELHO, P.; MOTTA, M. Tente Outra Vez. Philips Records, 1975.
99. THOREAU, H.D. Caminhando. 2 ed. Rio de Janeiro: José Olympio, 2012.
100. THOREAU, H.D. Walden. Porto Alegre, RS: L&PM, 2016.
101. Turismo Tocantins – Ilha do Bananal. Disponível em: http://turismo.to.gov.br/regioes-turisticas/ilha-do-bananal. Acesso em: 28 de out. de 2017.
102. UTOPIA. *In*: MICHAELIS moderno dicionário da língua portuguesa. São Paulo: Melhoramentos. Disponível em: http://michaelis.uol.com.br/moderno-portugues. Acesso em: 19 de jul. de 2017.
103. HORIZONTE. *In*: Dicionário Priberam da Língua Portuguesa, 2008-2020. Disponível em: https://www.priberam.pt/dlpo/horizonte. Acesso em: 19 de jul. de 2017.
104. UTOPIA. *In*: Dicionário Priberam da Língua Portuguesa, 2008-2020. Disponível em: https://www.priberam.pt/dlpo/utopia. Acesso em: 19 de jul. de 2017.
105. UTWT. Disponível em: http://www.ultratrail-worldtour.com. Acesso em: 11 de dez. de 2016.

106. VALLBONA, C.; et al. Guía de la prescripción del ejercicio físico para la salud (PEFS). Generalitat de Catalunya. 1 ed. Barcelona: Direcció General de Salut **Pública** (Departament de Salut), 2007.
107. VARELLA, D. Correr: o exercício, a cidade e o desafio da maratona. 1 ed. São Paulo: Companhia das Letras, 2015.
108. VIVES, J.L. Opinió. Al nostre bon amic en Carles Amagat i Comas. Collegi oficial de metges de Girona. Girona, Bulletí 94: febrer 2010, p. 15.
109. WHALEY, M.H. Exercise Prescription Modifications for Cardiac Patients. ACSM's Guidelines for Exercise Testing and Prescription. Philadelphia: Lippincott Williams & Wilkins, 2006.
110. WOHLLEBEN, P. A vida secreta das árvores. Rio de Janeiro: Sextante, 2017.

INFORMAÇÕES SOBRE NOSSAS PUBLICAÇÕES
E ÚLTIMOS LANÇAMENTOS

- editorapandorga.com.br
- /editorapandorga
- pandorgaeditora
- editorapandorga

PandorgA